云南百位历史名人传记丛书

中共云南省委宣传部◎编

云南出版集团
雲南人民出版社

**图书在版编目（CIP）数据**

航海家——郑和 / 莫知，达观著. -- 昆明：云南人民出版社，2016.4
（云南百位历史名人传记丛书）
ISBN 978-7-222-11569-9

Ⅰ.①航… Ⅱ.①莫… ②达… Ⅲ.①郑和（1371～1435）－传记 Ⅳ.①K825.89

中国版本图书馆CIP数据核字(2013)第319780号

**出 品 人：李　维**
**刘大伟**
**责任编辑：吴　磊**
**装帧设计：马　滨**
**责任校对：张艳琼**
**责任印制：洪中丽**

书名　**航海家——郑和**
作者　莫知　达观　著
出版　云南出版集团　云南人民出版社
发行　云南人民出版社
社址　昆明市环城西路609号
邮编　650034
网址　http://ynpress.yunshow.com
E-mail　ynrms@sina.com
开本　889mm×1194mm　1/32
印张　5.375
字数　100千
版次　2016年4月第1版第1次印刷
印刷　昆明卓林包装印刷有限公司
书号　ISBN 978-7-222-11569-9
定价　21.00元

如有图书质量及相关问题请与我社联系
审校部电话0871-64164626　印制科电话0871-64191534

云南百位历史名人传记丛书

# 编委会名单

# 总　序

丛书编委会

历史长河浩浩荡荡！中华文明自滥觞至汇聚千流，涵纳万水，奔腾迭起，云蒸霞蔚，延五千年之长史，至今生机勃然，是迄今世界上唯一保持完整且衍传有序、光耀于人类的伟大文明。

习近平总书记指出：一个国家、一个民族的强盛，总是以文化兴盛为支撑的。中华民族是具有非凡创造力的民族，我们创造了伟大的中华文明，实现中华民族伟大复兴的中国梦，必须弘扬中国精神。以爱国主义为核心的民族精神，以改革创新为核心的时代精神，是兴国之魂，强国之魂。

云南，是祖国西南神奇、美丽、富饶的宝地，是中华文明中极具特质和创造潜力的丰美之乡。云南少数民族文化是中华民族文化的重要瑰宝。长期以来，云南大地上，各民族和睦与共，相濡相生，共同创造了色彩瑰丽、形态多元、底蕴厚重、影响深远的历史文化，为我们留下了珍贵的精神遗产。人，是历史的镜子，是历史最生动的环节，人民是历史的主人和创造主体。在人类历史的进程中，一个个不同时期的代表人物产生过一些不同的影响。“云南百位历史名人传记丛书”就是这样一丛历史的记录，一百位历史名人，虽未必尽能概全，各位历史人物的代表性也不尽相同，但都是“追梦人”，是振兴民族伟大理想的传薪人、探索者和实践家。

在这些代表人物中，无论是拓土开疆的将帅勇者，还是蹈海酬志的大国使节；无论是志于传播文明的鸿儒巨擘、先哲贤士，还是为民族独立解放而高歌猛进、慷慨捐躯的群雄英杰，都贯注了这一重要精神。正是以他们为代表的云南各族人民创造并抒写了可歌可泣的英雄史章，熔铸了坚韧不拔、奋为人先、包容博大、敢于担当的精神品质，才使云南在中华文明的长史中闪耀着特有的光辉。尤在近代中国，在辛亥护国风云中，在反对外辱保卫祖国边疆维护民族尊严、抗击日本法西斯侵略中，云南站在历史前台，以中华群雄的不屈身影演出了一幕幕豪迈悲壮的历史大戏，也更涌现了一批足以彪炳史册、光照后人的杰出人物。这一切，给予中国历史进程深远的影响。

今天，实现中华民族伟大复兴之梦，谱写富民强滇中国梦的云南篇章，需要以中华文化发展繁荣为重要条件，这就需要接续这一光荣而伟大的精神传统，在继承中创新，在创新中发展，在发展中超越。云南正处于一个新的历史起点上，需要大力挖掘历史文化资源，聚合更强大的精神动力，为推动我省科学发展、和谐发展、跨越发展凝心聚力。为此，我们组织省内外专家学者编写出版了“云南百位历史名人传记丛书”。这对加强我省各族人民，尤其是青年一代对历史的了解、认同，爱国爱乡爱民并甘于奉献，对提升优秀精神品质，形成团结奋斗的共同的思想基础，坚定推进富民强滇的信心和决心，显然有着重要的现实意义和切实的助力。

一百位历史人物，所处历史时期并不相同，其历史作用也有差异，甚至就个人的全面历史评断方面也难以等量趋同。但我们以为这些留存史迹的人物，所以传扬至今，为后世崇奉，均有他们共同的历史向度和价值取向，我们学习这些历史人物，至少应当着重于以下几个大的方面，即：“守大德、重大义、集大成、有大度、达大观”。

守大德，即恪守道德规范。“德者，本也。”（《礼记·大学》）“大德”既是国家民族的根本利益所在，也是中国文化中最核心的价值理念及标准。古语“行德则兴，背德则崩”，不仅是资政经验，也是个人修习完善的根基。所谓“厚德载物”，直观的理解，就是如果德行浅薄，是不能兴物成事，更不能造就伟大功业的。云南历史文化名人，大多以德立身，大节不移，并对此恪守坚定，一以贯之；始终保持正确信念和理想，并为之奋斗到底。这是我们首先要学习尊崇的。

重大义，即以国家民族利益的需要为个人行为取舍的标准。有大义，才有大爱。这些先贤无不爱云南爱乡土，以兴业乡梓、造福一方为己任。尤在国家民族命运攸关、生死存亡的关头，这些令人崇敬的先辈，大义擎天，逢难不避，敢于担当，责无旁贷，勇往直前，不惧牺牲。一个心存天下大公的人总会在不经意的一瞬决定大义的选择，这是社会进步的希望所在，更何况实现中华复兴的伟大梦想，还有很多异常艰危的事业在等待我们去克难攻坚。所以，举凡大义、为民为国、全身而进的精神是我们应当效法崇尚的。

集大成，“知类通达，强立而不反，谓之大成”。这些历史人物留下的足迹，予人深刻启迪。他们无论是出将入相，还是布衣一袭，均勤学不辍，求索不止，在追求真理和知识的道路上刻苦务实，义无反顾，永无终期，故能成大器，胜大任，不辱使命。今天，世界进入知识信息时代，软硬实力决定一个国家能否赢得发展机遇，乃至自立于强国之列的地位。其紧迫性不亚于先辈梦想中国富强的百年期许。但今天所谓“集大成”，是更高更大更具有生存挑战性和发展战略性的，是集世界之“大成”，集政治经济、科技文化、制度建设、社会发展等一切领域“总成”，玉成中国梦的空前伟大的事业。所以，先人刻苦自律、博学精进的学习精神我们应当秉持继承。

有大度，即要有开放包容的胸怀。云南历史文化名人的一个共通品质，也是一个显著特点就是，即使身处僻远，总能破除狭隘与陋见，以宏大度量，兼容并包，接纳先进，吸收优异，团结一切可以团结的力量，聚合一切可以聚合的资源，总成一股创造历史的宏大动力，来完成伟大的事业。哪怕是割股舍己，也在所不惜。今天，云南要实现跨越式发展，保持开放包容的胸怀尤其重要。所以，先辈“天下云南”的大度我们应当弘扬光大。

达大观，即要眼观天下，达察全局，与时俱进，审时知变，敢为人先。推动云南社会历史进步的代表人物，无不目光远大，胸怀全局，对世界潮流、时代嬗变，都能审视洞悉，并欣然顺应规律，故能在历史转折的关键时刻做出正确选择，成就改天换地的一番伟业。古语有“小智自私”“达人大观”，是将为个人谋私的小智谋与担当天下兴亡的大智慧尖锐对比而言的。否则，“其兴也勃焉，其亡也忽焉”。一个为民为国而应用心智的人，必然有达观天下的心怀，也由此激发潜能、超迈寻常，而使人生境界也更加美好而宏丽。遍观世界文明史，许多影响人类进步的伟大创新，正是以此为动力和起点的。今天，中国经济社会的快速发展，国家的日益强大，正为实现中华民族伟大复兴的中国梦开拓了无限广阔的道路，也为个人实现自身价值创造着更加富实的前景。所以，先辈们达观天下的精神我们应当引为楷模。

我们对志向高远、仰观天下、俯察民情、甘为路石、慨当以慷、求真务实的历史名人，心存景仰，并愿与千千万万的读者，尤其是青年朋友一道学习弘扬。

组织编撰“云南百位历史名人传记丛书”是一项重要的文化工程，编撰出版人员都做出了艰苦的努力，但由于众手修书，书稿层次不一，成书体例难以做到完全一致，对存在的不足敬请读者批评指正，我们将虚心接受，并在修订再版时一并吸纳修改完善。

# 目录//MULU



## ◆ 郑和，云南人



## ◆ 刊石碑刻记史诗



## ◆ 云帆万里过重洋

目录//MULU



◆ 文化遗产芳百代



◆ 参考书目

# 郑和，云南人

自大明宣德年后的几百年间，记载郑和下西洋伟业的石碑没落荒野，功臣成罪臣的命运也降落在郑和身上……知他是伟大人物，已是五百年后的事，距今不过一百来年。其前，国家正史评价郑和下西洋的用语，不过也就是“明初盛事”几个字。更为不堪的是明人、清人多不知其生于何年、何处、死于何地，官至几品……其时的云南也不见史志传载，云南人也鲜知郑和为何省、何州、何县人。

知耻而后勇。近百年来，云南人开始站出来说话了，为郑和正名，成果累累……云南人写郑和、论郑和，源出于一种热爱云南、建设云南的精神。

## 云南之痛

在我们写下这个章目标题时，就可能被读者询问，是否含有一种关于郑和籍贯宣示的意味？或者干脆说，是否有一种郑和籍贯争夺的意思？我们的回答是，籍贯宣示之意，显而易见，籍贯争夺却大可不必，因为郑和的籍贯就是云南。

众所周知，对于名人籍贯的争夺，在商业经济发达的今天，已是屡见不鲜，譬如，我们见过争夺曹操、范仲淹等名流故里的事例，甚至见过争夺潘金莲这样的文学形象之故里的文字……

不过，我们写下这个《郑和，云南人》的章目标题，却跟发展经济，推介旅游热点没有任何关系。首先，我们只是想借助这个标题，阐发出一代伟人郑和身上折射出来的云南精神。其次，我们只是为了说清一桩学术大事——近五百年郑和家世、身世失考的历史公案，并借此评说一下近百年郑和研究的几个亮点——那些跟云南相关的亮点。

“郑和，云南人”，或是“云南人郑和”，本来应该是一个不是问题的问题，却一度成为云南的一大文化议题。究其原因，就是自民国以远的500年间，郑和故里失考，导致许许多多的外省人、云南人均不知道郑和是云南人，许许多多的云南人均不知道郑和是晋宁人。对于郑和故里而引发的学术争论。我们不能否认，其中含有“不平则鸣”的成分，同时，还有云南人尊崇先贤，期望追随郑和的脚步，以“敢为天下先”的精神，“富滇”“强滇”，消除那些常见于元、明、清名人笔下的定见，诸如什么“化外”“畏途”“僻界荒服”“万里遐荒，人情厌避”……这一类对云南很带偏见、歧视性的浮词妄言而产生的独特心理。

2005年，为隆重纪念郑和下西洋600周年，云南电视台拍摄了一部题为《云南人郑和》的8集电视专题片，传达了云南的声音，产生了良好的反响。

2005年6月24日，云南省在北京钓鱼台国宾馆举办大型画册《郑和史诗》首发式。时任云南省委副书记的丹增在首发式上做重要讲话，标题是《郑和，云南人》。这篇文章后来发表于2005年7月11日的《人民日报》上，文章有两个小标题十分显眼：《郑和是云南人具有确凿的证据》《郑和身上打着深深的云南烙印》。似乎我们不必引用具体的文章，便可看出这位云南省委主管宣传文化的领导并具有作家文采的丹增副书记是话中有话，不仅仅是在说清郑和是出生于云南大地的航海俊杰。

我们这样解读丹增副书记在《人民日报》上发表的《郑和，云南人》的文章，找得出支持性证据。在纪念郑和下西洋600周年活动临近之际，一些新闻单位对一些年轻朋友进行调查，程序十分简单：请问您知道郑和是什么地方的人吗？相当多的人在电视镜头前神情茫然，摇头表示不知道郑和的籍贯是云南。在云南人看来，这是一个尴尬的局面。在云南研究郑和的学人看来，“更觉心中痛楚”。一般而言，学人们更敏感一些，他们难以接受这种采访现实，当代中国，有那么多的人不知郑和为云南人，已经不仅仅是一个常识性的认知问题。

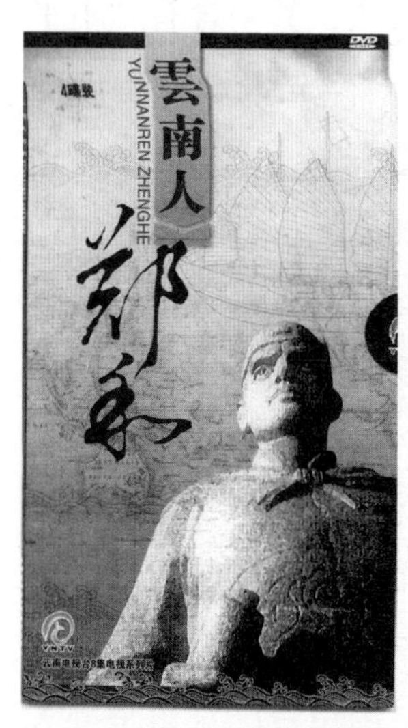


2005年拍摄的8集电视专题片《云南人郑和》，录制单位为中共云南省委宣传部、云南省人民政府新闻办公室、云南电视台

到云南进行学术交流的郑和研究专家，多位在国内具有权威性影响，有的担任国家纪念郑和下西洋600周年活动的顾问，他们在和笔者私下交流的场合，曾说出有过这样的事情，即他们曾向有关省市及国家的有关部门，提出过建议，举办全国性的纪念郑和活动，“没有郑和的家乡云南省参加怎么行呢？”后来，有关单位倒是采纳了他们的意见。可是，在场的我等，心里很不是个滋味。

晋宁郑和故里碑亭

因为我们听懂了一个信息，举办全国性的纪念活动，有江苏省、福建省、上海市……但最先

《郑和史诗》首发式

云南出版集团公司编印郑和图书、举办郑和下西洋展览的活动

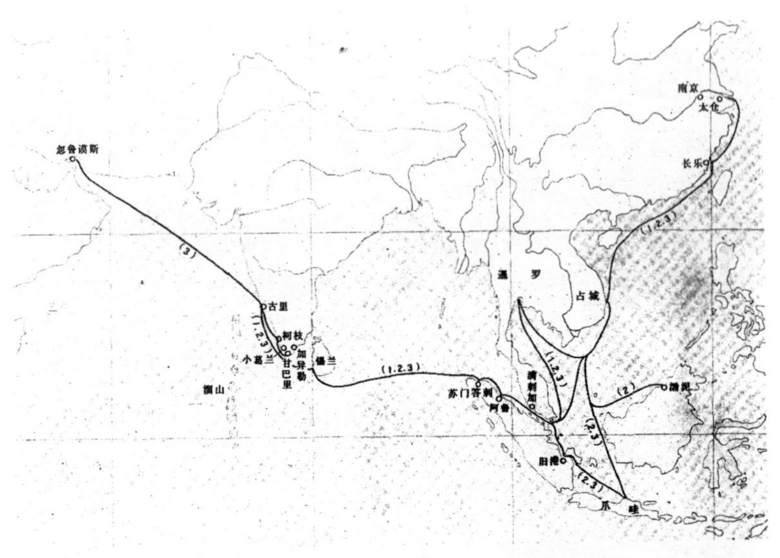


郑和前三次下西洋航线

的名单并没有云南省，云南省是“后补”上去的。郑和是云南人已被忽略。

下面一桩事情更令人印象深刻。

时任郑和故里晋宁县的县委常委、宣传部部长，后来又担任副书记的李飞鸿曾出版了两本很具独特价值的郑和专著，他在《郑和九十九》中，记载了时任云南省委副书记的丹增在听取晋宁县纪念郑和下西洋600周年筹备工作的汇报后的一段谈话，丹增副书记说道：

> 云南对郑和的宣传确实不够，需要加强。今年全国纪念郑和，并将郑和首航日定为中国航海日，安排了一亿元的活动经费……云南是郑和的

故乡，应该参与和组织这么重大的纪念活动，结果请示报到国家有关部门，人家说：“对不起，我们不知道云南是郑和的故乡。经费已安排完了，只有等明年了。”郑和是云南人，是云南最大的品牌，国家有关部门竟然不知道。我感到很悲哀、很悲伤、很悲痛。

YAYASAN HAJI MUHAMMAD CHENG-HOO
PEMILIK ANGGOTA PITI SE-JAWA TIMUR

(D/H: PERSATUAN ISLAM TIONGHOA INDONESIA)
Sekretariat : Gedung PITI Jawa Timur, Jl. Gading No. 2 (Kusuma Bangsa), Surabaya 60272
Telp : (031) - 5342112, 5342224, Fax : (031) - 5342221

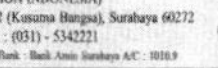

# PRASASTI
## MASJID LAKSAMANA CHENG HOO
## ( ZHENG HE )
## 鄭和将軍清真寺碑文
## THE TABLET FOR ADMIRAL ZHENG HE ( CHENG HOO ) MOSQUE

**Diperbanyak oleh :**
**YAYASAN HAJI MUHAMMAD CHENG HOO**

郑和“舟师”在马来西亚、印度尼西亚、新加坡、越南、泰国、柬埔寨等国均留下遗存。图为印度尼西亚泗水《郑和将军清真寺碑文》英汉对照宣传册封面

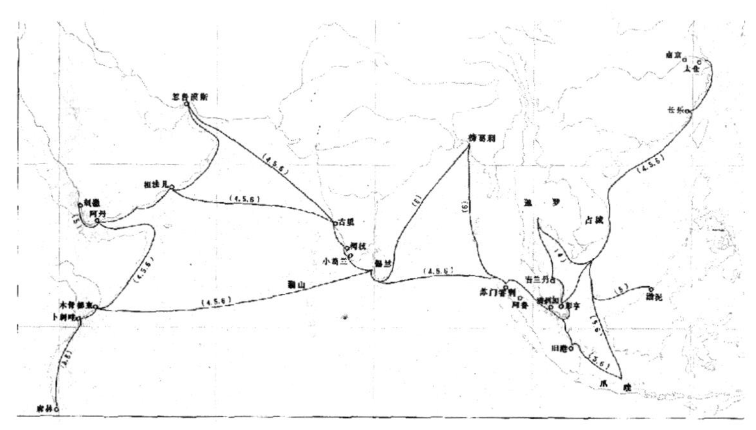


郑和第四、五、六次下西洋航线

这位云南省委领导的叹息，使李飞鸿先生“十分惭愧”“十分汗颜”，李飞鸿先生即在其著作中，以《云南人的“三悲”——“悲哀”“悲伤”“悲痛”》为其章节标题写了一节发人深省的文章，记述了他和丹增副书记的这次交流。同年，发生在晋宁县的一件宣传报道的事，也引起我们的思索：晋宁举行了郑和下西洋600周年的纪念活动后，“影响确实很大”。香港《大公报》曾以头版头条配上醒目大标题的文章《郑和故里——晋宁一夜成名》报道此事。

我们在判读《大公报》的头条文章时，感到《大公报》本意是在客观、公正地评价晋宁县的工作。应该说晋宁县在宣传和纪念郑和方面成绩卓然。我们亲身感受到时任的和后来的几届晋宁县委、政府领导在宣传郑和方面做出无愧于先贤的贡献。因为我们几次因编著《郑和史诗》到过晋宁，并受到县委主要领导熊瑞丽书记（时任）、戚永红书记（继任）、李飞鸿副书记（继任）的大力帮助。他们时时为有限的财力发愁，却又为纪念、宣传郑和投资建盖了无愧先贤的纪念馆，感到晋宁县的工作是扎实而又富有开创性的。不过，我们还是品出了这家中国名媒让人很容易就想到的另一层意思。郑和故里，600年都过去了，才“一夜成名”，这到底是怎么回事？显然这还是因为郑和故里——晋宁失考500年，也包括了郑和身世、家世失考500年而导致的。近500年间，中外（包括云南）一概不考郑和故里为晋宁，称得上是明清至民国一大文化及学术公案。

## 梁启超开启近代郑和研究

郑和下西洋，在当今已是如雷贯耳之事。然而，在明代的中期、后期，至整个大清王朝存在的两百多年间，郑和下西洋的宝船却在茫茫的历史长河中，渐行渐远，淡出在国人的视野之中，也令人遗憾地没有出现在云南人的关注之中。说是遗憾，这是因为：

东南亚郑和塑像

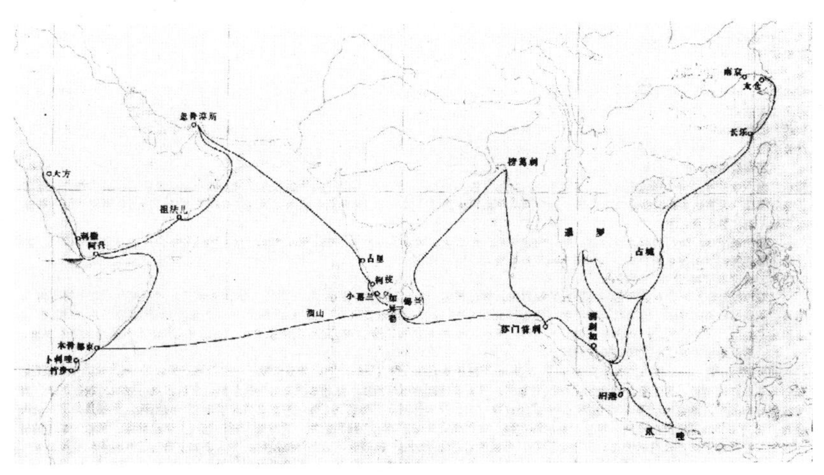


郑和第七次下西洋航线

我们遍读清人编修的国家正史——《明史》中记载郑和的传记文字，仅有767个字，且没有说清郑和的家世、身世，而且下西洋的次数年月错乱，国名重复，显得十分疏略。尤为可叹的是，《明史·郑和传》没有列述出郑和籍贯的州县所在，又以误导式的笔法写出“和亦老且死”的文句，好像郑和是在庸常环境中渐老而亡，这自然与事实有天壤之别。反观《明史》中的另外两名宦官刘瑾、魏忠贤，虽是臭名千古，每人的传记文字反倒写了三四千字（此处参阅了李土厚先生观点）。

我们先到南京做点考察。时间是1982年。南京一度是明永乐王朝的首都，是郑和下西洋的策源地。但在很多时段，郑和事迹决不彰显，我们以他的墓葬做些说明。

据郑一均先生考据，郑和在明朝，是封过侯爵的，宣德年间去世，有史料证明得到厚葬。王侯们的坟墓建制宏阔，也会得到后世足够的尊重。但几百年过去，作为郑和下西洋的策源地，南京却发生了一件说不过去的事，伟人郑和的坟塚，差点被当作一个普普通通的“回回坟”挖去。这就是1982年发生的南京“牛首山铁矿侵占墓地”事件的主要案底，也就是说到了20世纪，郑和的身份地位、历史功绩在铁矿经营者心中还不算回什么事，还想挖掉开矿赚钱……为此，我们有理由做出许多悲观的联想：“入土为安”，这是古训；而今要挖坟，这是现实。很伤郑和后代们的心，也很犯中国人的忌讳，所幸这件事不久即被制止了，南京市文物部门后来修复了郑和墓。

我们再到云南看看。

我们遍读明代及晚清以前的云南地方志书，却找不出有关郑和的记载。要知道，地方志书，设有《乡贤》栏目，凡属贤达，一概不会遗忘，不录郑和，定属“反常”，只是于此，我们无法细说“反常”的原因。再读同期的艺文典籍，也几乎找不出关于郑和的文字。

明代保山张愈光，被书画巨擘、文坛重镇、礼部尚书董其昌视为是“破荒”中原的云南人物，也即是以诗文改变中原文士认为云南是一片文化荒原之看法的文学家，诗文题材极为广泛，却从不见提及郑和。

明代“出将为相”的安宁杨一清先生，为明代重臣，云南历史上最卓越的人物之一，文采华茂，也不见提及郑和生平轶事。

流寓云南，被称为“明代著述第一”的状元公杨升庵也未见提及郑和一字半句。

清代昆明孙髯翁，才学非凡，称得上是知史文士，在大观楼长联中咏叹数千年往事，或许是讳避言及前朝，也未提及郑和。

倒是有云南老乡，在离今不算长远的时间，还把郑和说成是非晋宁人。还有一位令人尊敬又名满天下的文史学家，为非晋宁县“郑和故里碑”题写碑文。

在茫茫500年中，郑和的身世、家世，一直为人所不熟知。具体说开来，就是：郑和出生于何年何月何日，又死于何年何月何日，是怎么死的，死于什么地方，又葬于什么地方？郑和到底是云南哪一州、哪一县的人？郑和的先辈到底是何人，他的父亲姓什么，郑和又有些什么后人？郑和怎么成了太监，怎么又成了明成祖的重臣？郑和官至几品？郑和到底是几下西洋，他到过哪些国家，航海到底有多少公里……不一而足，这些关于一位伟人的生平事略，是必须对世人有个明确交代的事，而在明清之间的500年间，居然不甚了了，人们要么不知道，要么想不起来，要么知道的人少之又少……

上述种种问题的失考，已经不是一个学术“疏失”便解释得了的问题。

然而，郑和下西洋既然是伟大的历史事件，总有一天，还是会被磨去锈斑，让它重现于历史的观景台的。

郑和研究领域公认，梁启超是揭开中国近代历史上研究郑和序幕的第一人。

梁启超在流亡日本期间，写出一篇发聋振聩的大文章——《祖国大航海家郑和传》，发表于1905年5月18日《新民丛报》第69号（一说为第2号）。

说这篇文章是大文章，是指其内涵，就文字规模而言，充其量不足7000字，但它震动中国学界的价值却无比巨大，可用清代大才龚自珍用过的两个字——“雄文”来称誉它。

一篇雄文定乾坤。梁启超的文章奠定了中国近代郑和研究的基础，并展示了郑和研究的新方法。我们如对梁启超的文章做个简单归纳就是：郑和是世界的航海伟

鄭氏墳山圖

山中有碑即鄭和父馬哈只墓原本為彩墨畫雋逸工緻非俗手所作山名月山在昆陽城東今建為鄭和公園者是也

李士厚識

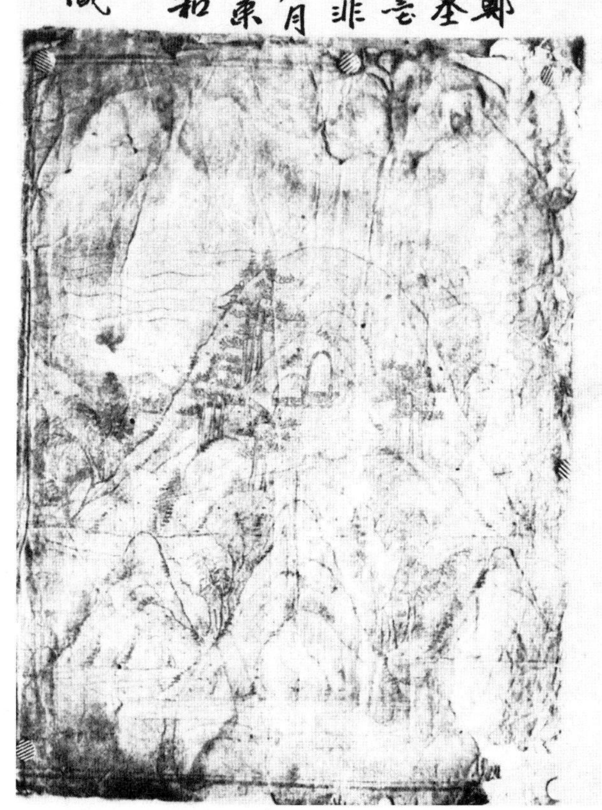

云南学者李士厚遗著《影印原本郑和家谱》收录《郑氏坟山图》，郑氏坟山名月山，今辟为郑和公园

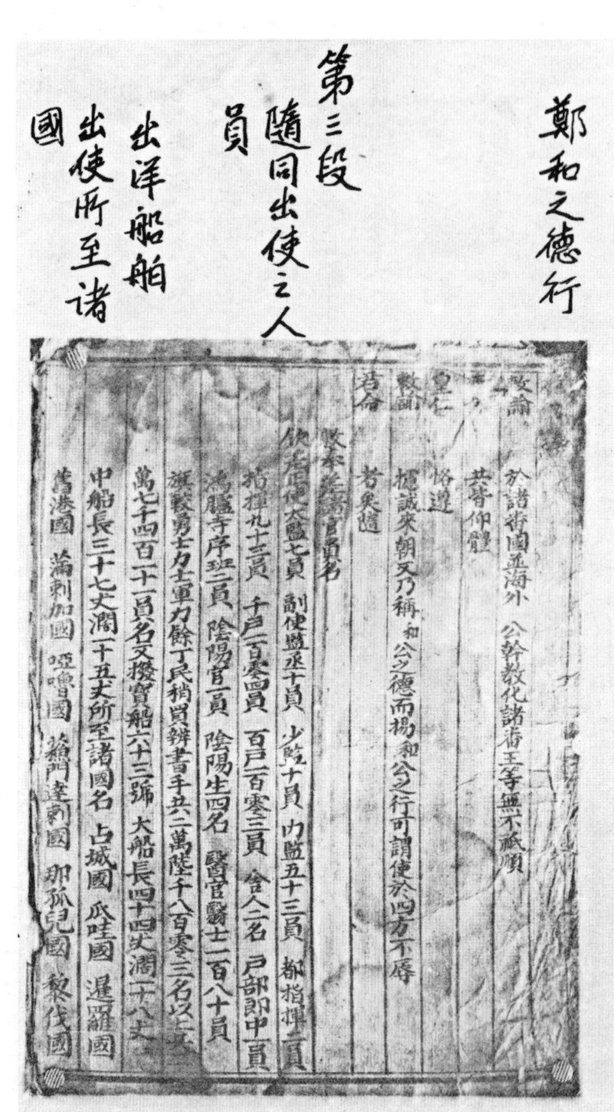

鄭和之德行

第三段 隨同出使之人員

出洋船舶

出使所至诸國

敕諭 於諸番國並海外 公幹教化諸番王等無不祇順
朝廷 恭奉仰體
皇仁 恪遵
敕諭 撫誠來朝又乃稱和公之德而揚和公之行可謂使於四方不辱
誥命 者矣
欽奉差諸官員名
欽差正使太監七員 副使監丞十員 少監十員 内監五十三員 都指揮二員
指揮九十三員 千户一百零四員 百户一百零三員 舍人二名 户部郎中一員
鴻臚寺序班二員 陰陽官一員 陰陽生四名 醫官醫士一百八十員
旗校勇士力士軍力餘丁民稍買辦書手共二萬陸千八百零三名以上共
萬七千四百一十一員名又撥寶船六十三號 大船長四十四丈闊一十八丈
中船長三十七丈闊一十五丈所至諸國名 占城國 爪哇國 暹羅國
舊港國 滿剌加國 啞嚕國 蘇門達剌國 那孤兒國 黎伐國

《影印原本郑和家谱》记载下西洋人员、船只情况，是极为宝贵的史料

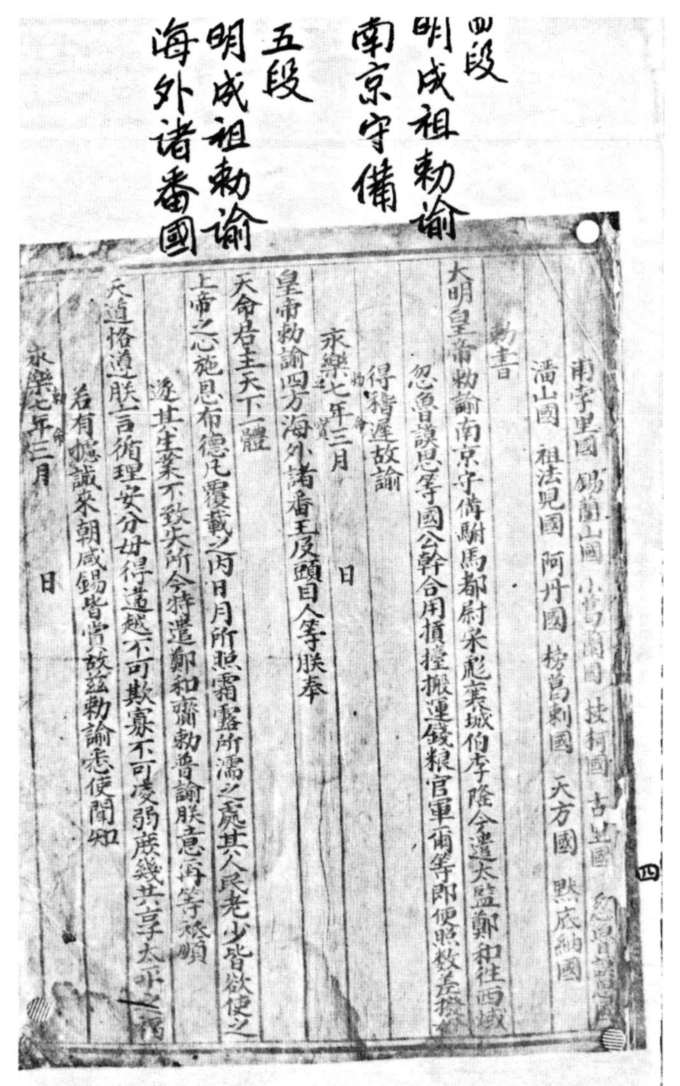

四段

明成祖勅谕

南京守備

五段

明成祖勅谕

海外诸番國

南孛里國 錫蘭山國 小葛蘭國 柯枝國 古里國 忽魯謨斯國

溜山國 祖法兒國 阿丹國 榜葛剌國 天方國 黙底納國

勅書

大明皇帝勅諭南京守備駙馬都尉宋彪襄城伯李隆今遣太監鄭和往西域

忽魯謨思等國公幹合用損撞搬運錢粮官軍爾等即便照数差撥

得稽遲故諭

永樂七年三月 日

皇帝勅諭四方海外諸番王及頭目人等朕奉

天命君主天下一體

上帝之心施恩布德凡覆載之内日月所照霜露所濡之處其人民老少皆欲使之

遂其生業不致失所今特遣鄭和齎勅普諭朕意爾等祗順

天道恪遵朕言循理安分毋得違越不可欺寡不可凌弱庶幾共享太平之福

若有攄誠來朝咸錫皆賞故茲勅諭悉使聞知

永樂七年三月 日

《影印原本郑和家谱》收录多件明朝皇帝敕谕（即诏书），为国内所独见人。中国应当继续走向航海，重振海上雄风。学界应反思唐宋以来“我航业不振”的颓势，研究我国华侨在世界各地创业的成就，以及我国在世界交通史上“导开东西交通”的成就，在“航海利器”（即领先世界的航海技术及器物）上的开创性贡献。

无疑，这是振奋国民精神的一时宏论，是对晚清以来中国人那种抖抖瑟瑟的精神状态的批判。梁启超显然是借郑和说事，旨在希望唤起中国人的爱国热情及民族自信心，从而激发复兴中华的大志。梁启超的文章气度宏大，造语不凡，眼界独特，明清几百年间，鲜见一个文人会用颂词般的语言如此评价一个有太监身份的人，他写道：

> 自是新旧两陆、东西两洋交通大开，全球比邻，备哉灿烂，有史一来，最光焰之时代也。而我泰东大帝国与彼并时而兴者，有一海上之巨人郑和在。

这就是说，郑和是参与创造了世界时势（新时代最光焰之时代）的英雄。

梁启超还说道：“郑和，云南人，世所称三宝太监者也。”又说，论起推动东南亚华侨事业贡献最大的人，非郑和莫属。（原文为“推原功首”“吾思郑和”。）

梁启超的文章，立论高远雄健，论据详确，词采洋溢，内涵深邃。这篇名曰“传”的文章，既是一篇中国海洋文明的“赞词”，又是一篇学术妙文。它开创了郑和研究中西比较之先河，论述周详，证据丰富，“比较”精当，是思想界、学术界开拓天下视听，澄清玉宇的发轫之作。在我们高度评价梁启超先生的贡献的时候，一股自豪感油然产生。近代云南学界的领军人物袁嘉谷先生，以突出的郑和研究成果，呼应了梁启超先生，共同澄澈了近代郑和研究早期的一片混沌的天空。

人们公认，袁嘉谷先生，是继梁启超先生之后又一位启动中国近现代郑和研究的开拓性人物。在梁袁二位学者的影响下，中国有一大批学术精英，紧紧跟上，一个阵容强大、才智非凡的郑和研究队伍，跃马横戈于华夏大地之上，以无可否认的学术成果，打造出一大片湛蓝的天空，迎来郑和研究的春天。我们在这里背诵引用郭沫若先生的一首诗呈现给读者。（谨此声明：郭先生的诗，不是专门咏赞郑和的。）

漫天飞雪迓春回，岭上梅花映日开。
一自高丘传号角，千红万紫进军来。

云南的学人们自来尊崇袁嘉谷先生，也仰崇梁启超先生，两座文坛“高丘”传出进军号角，他们纷纷跟进追随于两位学术重镇的麾下，做出自己的贡献。

在中国研究郑和的学人中，袁嘉谷先生的学生，云南回族学者李士厚先生是一位独树一帜的人物，他的史学研究及郑和遗存的考订，植根于云南本土渊源之中，借郑和家乡的文史之光的照耀，雄健一方，不可替代。李士厚先生的研究方法、学术成果，得到全国学人的一致认同。

之后，云南大学、云南师范大学、云南民族大学等高等学府众多的学者们投身于郑和研究，还要提到，郑和的家乡晋宁县的文化人，还有云南及南京的郑和后裔也不甘示弱，加盟于这个队伍。形成了一个硕果累累、人才济济的郑和研究方阵。

1992年，昆明市举办了“纪念郑和下西洋587年”纪念活动，此后又于1993年、2002年成功举办了首届和第二届“昆明郑和研究国际会议”。在此期间成立的“昆明郑和研究会”“云南郑和研究会”，是云南郑和研究正式进入结盟时代，协同作战的标志。而“云南郑和研究会”以后来任中国回族学会会长的高发元博士为会长，汇集了云南一大批老中青三代学界翘楚，成果迭出。

## 为郑和正名的云南学界

现在，我们对云南学者在郑和研究方面的成果做些回顾。

1912年，袁嘉谷先生从文化人苏晓荃处了解到晋宁县内有一处叫作月山的山坡上有郑和父亲的墓，便亲自到当地访查。袁先生这样的文史大才，古文、金石考古学养、学力之深厚自不待说，待当地一位知识分子——孝廉宋藩将月山上的郑和父亲的墓碑拓片出示于他眼前，请他考证的时候，可以想象这位致力于光大云南文化的俊杰，是如何的欣喜激动，他一定敏感地预见到，云南必将有一批关于郑和新史料横空出世。或许他会联想到梁启超的《祖国大航海家郑和传》，我们前面说过虽是影响巨大，可惜“资料倒没什么新奇”。而云南发现这块俗称为“马哈只碑”的明碑，史料定为中国学界前所未闻。首先，马哈只墓碑的发现，结束了郑和故里学案的争论和考定，以历史物证的身份，权威地证明，郑和是云南人，郑和的籍贯是云南昆阳（今晋宁）。

名人的籍贯归属是一个全世界共同重视的文化现象，西方人士喜欢问：“我从哪里来？”中国人奉行“认祖归宗”而去“寻根”便是证明。中国古代名人，著文、写字、画画的落款往往都十分着意自己的名字前加上自己故里的名称。一个名人的籍贯的表述寓意丰富，并具有敏感性。我于这里不妨列举一则名人轶事，以资佐证。土生土长于保山的刘树堂，是一位云南清代名人，任过浙江巡抚，又有“刘中堂”的称呼。某一天大约是脑子发热，这位又是洋务派中坚人物的刘大人，突然放出自己不是云南人的话来，便引起京师的云南人热议和强烈反感。好吧！既然你不认乡里，乡里也不认你，管你位有多高，权有多重，云南人纷纷摘去这位兼有大书法家雅誉的权贵所写的匾额，以示不屑。这则史事见诸《续云南备征志》。

郑和故里的失考，无疑是永乐以降507年中云南学术界的一大盲点，也是云南人心中的痛点。507年后被云南人自己考掘出来，真是一桩快慰人心的事。这块新发现的碑中关于郑和父亲的资料比较完备：述及马公（郑和父亲）的成就——是位哈只，述及马公的道德秉性——正直善良，述及他的外貌——那是“魁岸奇伟”，述及他的生卒年龄——享年39岁……这些记载，背后还隐藏着许多宝贵的信息，等待着去破译。——至今，这件破译的任务，远远未完成。

现在，我们要再对回族学者李士厚先生的成果做些陈述，说他打造了云南早期郑和研究的半壁河山，也似不为过。

李士厚先生生于云南鲁甸县，东陆大学毕业后任云南通志馆编辑，师从袁嘉谷、周钟岳先生研究文史，成果颇丰，著述甚多。这里不多表述。李士厚先生的一大功劳，是系列地调查、收集、考证并著文公布郑和家世。他的郑和著述研究成果可列于下：

论文：《三宝太监郑和对国家的贡献以及他的家世渊源和后期情况》《从新发现的赛典赤家谱中进一步探讨郑和的家世源流》《郑氏家谱首序及赛典赤家谱新证》《郑和的家世、宗教信仰及赐姓》。早些时候出版的著作有《郑和家世资料》。另有云南晨光出版社出版的《郑和新传》《影印原本郑和家谱校注》两书。

我们梳理这些研究成果，可以认定，李士厚先生对郑和家世研究最为系统，考据精确，一丝不苟，决不人云亦云。更为宝贵的是，他的著述屡有新证，被学术界认为是提供了新的资料的学者。

对于郑和家世资料的公之于世，我们还应郑重提到的是郑和在云南的后人——家住云南玉溪的郑和第17世孙郑绍明、郑绍文、郑绍恩、郑绍清兄弟，没有他们和他们的家人的家传珍藏，《郑和家谱》的大白于天下也就无从谈起。此外，我们还提到在云南“辛亥光复”，“著有功勋”（李士厚语）的云南玉溪人李鸿祥将军。李鸿祥将军曾任云南“民政长”要职，他在倡修《玉溪县志》时，自然“登高一呼，众擎易举”（《永昌府文征》语，原赞李根源），是号召力极大的人物，当时便有人从玉溪郑和后裔那里抄得《郑和家谱》送给李将军，后由李将军交袁嘉谷先生，袁嘉谷先生再交由时在云南通志馆担任编辑的年轻学者李士厚先生去研究。李士厚先生认真研究后在《影印原本郑和家谱校注》中惊喜地写道：

> 我看这本家谱，不但记载了郑和的家世，而且还记载着郑和的出使，其随使官兵，下洋船舶，所到国家。特别是永乐、宣德两帝给郑和的敕书，为史书所未载。这本家谱，是继《马哈只墓碑》之后的又一重要发现。

李士厚先生在考释了《郑和家谱》后，又做了进一步的学术探索，他把云南另一位元代名人，云南行省平章政事（相当于今省长）咸阳王赛典赤·瞻思丁的家谱和郑和家世源流一并进行考证，构建了一个贯通近千年，忠良辈出，对国家贡献突出的回民望族家世系列。从民俗学的角度讲，这是研究一个少数民族特殊而又典型的家族历史的宝贵资料；从郑和研究的角度看，这是一项突破性的学术成果。自此后，云南学界逐步统一了一个认识：赛典赤·瞻思丁是郑和的第六世祖。

把郑和和赛典赤·瞻思丁联系起来，颇有价值。元明两代是两个水火不容的王朝，两个王朝在云南生存较量的事，是元明之际的特大事件，足以影响中国历史的进程，但两个相仇的王朝，却薪火相传地产生两个云南伟大先贤。

赛典赤的功勋，云南人有口皆碑。是他把云南行省的中心（省会）从大理迁到昆明，并促使云南的建制成为元朝的十一个行省之一。也自他始起，云南兴教育办儒学，促进文教开化边疆。此外，是他引入内地的稻、桑、麻等重要农作物，一改云南只习惯未经驯化的原始产农作物的种植方式，使云南农业在粮食作物和经济作物的种植方面跨越式地发展。此外，他开垦农田二十余万亩，兴修昆明海口、金汁河、银汁河、松华坝等多处水利，作为全国最缺水省会城市之一的昆明，至今松华坝水库都在发挥作用。无怪乎，昆明城区中心，建有忠爱坊，德彰其人。应该说，郑和很是在意云南老家，也很在意了解祖先的业绩。我们的朋友，南京郑和后裔学者郑自海先生亲口对我说过：郑和在第四次下西洋前，公务至繁，何故偏要“道出陕西”？一个重要原因，就是他这个云南回族后人，未忘记分封咸阳王的第6世祖赛典赤·瞻思丁，顺此，拜祭先祖，探访祖先功德业绩遗存。

赛典赤·瞻思丁纳入郑和研究的范畴，使云南人至为满意，他们希望看到云南历史上优秀人物，前后传承，代代有贤达，世世多翘楚。

应该说，元、明、清云南人才很盛，本地的、外来的都有。不少云南人为此而自豪，顺理成章地想到另外几位名人（又是曾经主政云南的人物），早一点有庄蹻，是有开滇之声的伟人，再如任云贵总督的林则徐是当之无愧的一代名臣。云贵总督阮元曾在中国多个发达地方任总督、巡抚，是贤臣，又是大学者，被誉为“乾嘉学派最后的重镇”……

我还要强调并希望读者了知的是，云南学者取得的学术成果，不仅仅是一种学养、学力的作用，他们在郑和研究中达到破茧化蝶的境界，靠的是精气神，或者说是还靠一种云南文化特有的理想和信念作为原动力，而这种理想和信念的核心就是：强盛边陲，振兴滇云。换句话说，就是打破外部世界以经久不变的惯势紧箍在云南头上的一顶破帽子——云南是蛮荒之地，是落后的边徼，也即“云南落后论”这顶帽子。具体说来，一是说云南文化落后，二是说云南人才落后，三是说云南经济落后。客观求是地讲，某些落后，云南是存在的，但在某一个领域，简单地一概而论，不能服人。譬如，云南的文化，少数民族文化占很大成分，非少数民族文化，也有先进的一面，武断地扣上落后的帽子，有失公允。为了摘除文化落后的帽子，一大批云南学者以师范和王崧为领军人物，在晚清及至民国期间，一度致力倡导建立“滇学”便是例证。而驳斥人才落后，最具号召力的便是云南学术大家师范先生。师范先生有一句话十分精彩，转述过来，那话大意是：云南是高山大岭、大江大河的源头，自是天之厚赐，气象不凡，由此推之，云南也必然是人才辈出的渊源，也即出人才的地方。

师范先生这句话是根据中国古代的“天人合一”“天人感应”的哲学思想推导而成的，决非无来历之语。云南真的会有大人才出吗？是的，会有大人才出的。有的，早已出现，只是未被纳入大众视野；有的，即将出现，指日可待。大航海家郑和，就是我们云南的人才，只可惜，更多的人，没有把他和云南联系起来。

云南学者就是在这样的精神情景下，把自己的郑和研究推向极致的。他们就是怀着为云南正名，为郑和正名的理想，开始研究郑和的。我们这样说，绝不是空口评说，而是考察过郑和研究的学术历程后说的。

对于郑和近500年来默默无闻，未能被充分肯定他的伟大航海功绩的现象，李士厚先生指出：

> 而我国人仍由于晚清以来外交失败所造成的自卑感，数典忘宗，不知祖国的伟大航海家，而盲目崇拜西方的哥伦布、达·伽马、麦哲伦。

这段话，是对不正常历史观的一种清算，对郑和研究自明以来500年来无大作为的一种批评。李士厚先生的批评颇中要害，“自卑感”可归之为心理疾患，“数典忘宗”者，可归之为不肖子孙之劣行。解读起来，大有文章可作，要义是：郑和是云南人，超越、高迈于西方的祖国的大航海家。

李士厚先生还把批评的矛头直指《明史》，他认为《明史》的郑和传文误导读者，错谬有之。李士厚先生指正国家正史，正本清源，义理堂正，其说不谬。

袁嘉谷先生曾激愤地指出：中国人如果早一点开蒙，“则雄视全球有余也”，何必至今受外族的凌辱欺侮！

师范先生曾认为郑和这样的人物，直比历史上的班超、傅介子等名人，可惜受世冷遇，受人误解。他在《滇系》中把《明史》中对郑和污名化的文句如：“所取无名宝物不可胜计”“中国耗费亦不赀”等句删去。因为这两句话，一句会让人联想到，郑和是个四处寻找宝贝的人；另一句会让人联想到，郑和是个“劳民伤财”的人。

以上可说明，云南学者们，不平则鸣，讲清真相，是他们做学问的动机力之一。

对于云南学者在郑和研究上的成果，可用两句话概括：学术积健，渐成重镇；发掘珍贵，独补天下。对此全国学界亦有高度评价，如南京大学范金民先生著文称：

> 1912年云南学者袁嘉谷在昆明发现了马哈只墓及墓志。1913年他撰写的《昆明马哈只碑跋》，发表并附录了《故马公墓志铭》，第一次揭开了郑和家世的面纱，进而启动了以实物资料研究郑和的先声。

范金民先生同文又称：

> 1937年李鸿祥将军在云南玉溪发现《郑和家谱》。这一系列实物及文献资料的发现，连同早年袁嘉谷发现并考证的云南昆明郑和父亲《故马公墓志铭》，使得郑和下西洋研究建立在更为坚实和科学的基础上，从而开拓了新的研究内容。

范金民先生为国内外知名郑和研究专家，本页所引两段文字，均出自其《20世纪的郑和下西洋研究》，该文收录于朱鑑秋先生主编的《百年郑和研究资料索引（1904~2003）》一书，是可称之为总结全国郑和研究的学术概览，发表后认同度甚高。文章对云南郑和研究所取得的成果的评价是中肯的。

# 刊石碑刻记史诗

中国古代认为，做人的最高境界是立功、立德、立言，即所谓“三不朽”境界。郑和是“文通孔孟”“才负经纬”的大才，立功、立德可由历史去评说，他刊立的《天妃灵应之记》碑，是千古美文，流溢着忠于国家的情怀，开一代大业的豪气，只有万古雄文《燕然山铭并序》可出其右。

什么是云南人？郑和是一位极品；什么是云南精神？郑和以平生做了解说。

## 缺失的记录——郑和以身殉职

据李士厚先生研究，永乐二十二年（1424），郑和在第六次下西洋回来，又奉诏去旧港（又称三佛齐，今属印度尼西亚）出使。同年，明王朝遭丧皇巨变，永乐二十二年七月，大明王朝一代英主明成祖朱棣去世，其时，郑和时在旧港“公干”。同年八月，明仁宗朱高炽即位，惜其福大命不大，不到一年就死去了。1425年6月朱瞻基即帝位，是为宣宗皇帝。宣德五年（1430）郑和奉使第七次下西洋，从第六次下西洋后停罢，再到重启下西洋相隔已是5年。其间，他担任南京守备，为镇守南京的最高长官。李士厚先生的叙述，勾勒出当时的一段时代背景。我们认为，郑和第六次下西洋回来，大明王朝的朝政环境，已经很不利于再下西洋。就当事人郑和而言，他对时局的感受一定是“山雨欲来风满楼”，朝廷之主更替，他为之奋斗大半辈子的下西洋伟业，进入了或兴或衰，或继或停，或荣或辱的历史转化关头，不过，他并没有退路，他深知一项朝政一旦被逼停之后会产生什么后果，他尽力说服朝臣们支持他，游说皇帝不要停罢下西洋。仁宗皇帝匆匆登基，匆匆宣布废止下西洋，郑和等人已受到一股强势高权政治集团的重创。好在宣德皇帝重开下西洋朝举，郑和一如既往地履行自己的人臣之责。

宣德五年闰十二月六日，郑和由南京龙江关率舟师出发，二十一日到达江苏太仓集结。宣德六年二月二十六日到达福建长乐，直到同年十二月九日，出福建五虎门，再度航往西洋，重续一代伟业，但在郑和航海史中最后一轮辉煌闪现的光环之下，郑和付出了结束宝贵生命的代价——时在宣德八年（1433），浩瀚的印度洋，陨沉了一颗来自遥远的中国云南的星宿。说他是星宿，因为按中国古代的观点，举凡伟人，在土地上留有一方事业的行迹，在天上也自有其运行苍穹的星影，也就是说，地上的伟人，在高高的天上也是有星座的。就在这第七次下西洋的远航中，郑和没有再回来。

一代航海巨星郑和陨落了，准确地说是“以身殉职”。我们遍翻史书，找不到一篇关于实情的记载。没有，真没有！对于郑和这样的人物，这是很不正常的缺失，也是令人痛心疾首的。我们只能做如下推断了。

——郑和64岁左右第七次漂泊万里大洋，已属老骥伏枥，虽可嘉许，却已经不在“年龄段”了！若以六十多岁承担出没汪洋波涛的“公干”而言，郑和实在算得上太老太老，大约，肺呀、肠胃呀、心脏呀……主要脏器都有了退行性改变，还有是免疫功能下降，加之远天远地，海浪颠簸，海风阴凉，又缺乏均衡的膳食和维生素……运筹帷幄的操劳，二万多舟师的安全压力很大，一会儿是对付海盗般的强人要歼灭，一会是笑迎纳贡的诸番要宣诏慰勉……日理万机，日久成疾，先小疾，后大疾，心脑血管系统已经运行不佳，支撑生命运动的心脏早有病症……

终于，在大明宣德八年（1433）的某一天晚上，宝船中的郑和心翻头晕，额头上沁出汗珠，他还发烧呕吐，内伤脾胃之和，外感风寒之侵……咳嗽，肺极不好……随行的医生们号脉，脉象很差。

只是，郑和没有顾惜自己身体的意思，他关心的是目的地尚远，海洋太深太宽，宝船还得赶路。郑和不准返航，他说，这大约是我最后一次下西洋了，好歹都得完成这次“公干”。皇上再度启动下西洋宝船，不容易呀，不能给皇上抹黑！这不，这一拖又是十几天，郑和发热不见退去。有一天，医生们发现，他的脉络，已呈一种云南话称之为“鸡啄脉”的脉象，时续时停，如鸡之啄米，呈危险之兆，又过了几天，人们发现郑和呼吸衰竭并发心肌梗死，这位大航海家心脏停止跳动。

随行的大明舟师，因痛失主帅，难免阵脚大乱，知道真相的人，泪如雨下，呼天抢地……不长的时间后，正使太监总兵官王景弘在接手舟师指挥权，经反复权衡后，做出有悖老战友郑和关于继续前进的决定，下令返航。王景弘具有统帅之资，统帅之才，大明舟师回祖国的行动有条不紊，只是沿途航途中的大明舟师气氛很有些沉郁悲壮。

最大的问题是，船队航行在茫茫大海之中，郑和遗体如何安放处置。古人——或者称为明代、清代的人——没有怎么去想、去写、去说，倒是今人——或是当代的历史专家们却有很多关于这方面的推想，甚至想到，按照一位虔诚的穆斯林的身份，郑和的身体在去世后的三天内应如何处置……不过，我们已经说清楚了，上面所写，都是一些推断，推断有待证实，而证实又很困难。

无奈中，我们想到了一个值得“问责”的问题：宣德年间的明朝人，特别是那些有执行力、话语权的朝臣、名士们，你们对国朝大事的记载是负有责任的，你们写了那么多《××宗实录》，忙着记载这个那个，为什么唯独对“郑和第七次下西洋”以及“郑和之死”缺少文字作为呢？我们在600年后提出这种责难，这是因为在你们那个时候，事情刚过未过，又有那么多人证，你们那时要真把郑和当成一个人物，郑和殉职的始末是完全可以弄得清清楚楚的呀！

好在，口传历史总算为我们留下一些踪影或称之为可感动的事情：在我们翻查历史材料时，得知，一个被郑和属下的水手称为“黑大人”的“外国人”——兴许，他是郑和的贴身侍卫，兴许他就是郑和聘用的外国“伙长”（掌舵师）……这位“黑大人”一定是侠骨丹心的义士，他在众人慌乱伤悲失措的非常关头，取下了郑和的一些头发（又称之为“发辫子”），还有一双“鞋子”带回明壤，才使郑和得以归葬南京的“住府”，不再是一个名副其实的“衣冠冢”。据南京的郑和后代笔述口传，这位因为脸生得黑，而被叫成“黑大人”的“外国好人”，死后也葬在郑和墓旁——这一定是他留下遗言才有的结果吧？只是他的墓冢，后来也被什么人弄掉了。对这位忠诚的追随者“黑大人”，落得这么个结局，真叫人想说一句：情何以堪哪！

不说不写这些也罢！还是回过头去，思索思索，郑和在印度洋航行的宝船中，生病时，他想到过些什么？再者，由病起到病重，或者说沉疴在身时，他想到过些什么？确切的事实，郑和自己才说得清楚，随着时光流逝，往事我们已经失考。如今，我们只能推断，在生命的最后时段，这位把生命最华丽的28个年头献给七下西洋的伟大航海家，定会有他最想说的、最想留下的，那又可能是什么……

在考察郑和在第七次下西洋前，驻扎在福建长乐的时日，或许可以这么说，我们找到了破解这一秘密的密码——这是一块石碑，郑和亲自刊刻的一块石碑——《天妃灵应之记》碑。

## 率舟师候风长乐

宣德六年间，郑和在福建长乐太平港候风、修整、筹备粮秣、延揽人才。

福建长乐，是郑和一生最有感情的地方。这里山好、海好、人好，人杰地灵。史载福建长乐太平港十洋街就是郑和舟师的“司令部”。由于大明舟师到来，长乐一座叫首石山的山突发山鸣以示欢迎，真神啊！郑和舟师驻扎期间山鸣两次。十洋街因舟师屯驻，一派繁华不算，还

郑和舟师长乐候风图(云南赵志华绘)

“人物辏集如市”，这么个小地方，科举大昌，金榜题名，竟连连考出两个当朝状元。郑和作为下西洋的舰队总司令，他选中长乐为驻泊之地，是因为这里风好，他要在这里等候风季到达，借风下海。

好风凭借力，送我舟师过沧海。在当时的条件下，郑和船舶自然没有机械动力，海风是行船至关重要的推助力。一般而言，郑和船队候到十一二月北风大规模到来，便顺势起舟，第二年，又被反向大风相送，浩荡归国。当地民谚说：“去以十一二月就北风，来以五六月就南风。”指的就是郑和舟师借风的规律。候风、观风、借风是古代航海家的必备本事。风是天地之神力，对于素有航海爱好的中国人，常有祈风之举，并留下仪式的遗迹，如在福建泉州这样的港口，就留下宋代“祈风石刻群”，十分壮观。这里也是中国年代最久远、最大的祈风遗迹。郑和到长乐祈求好风，以备开洋。时间之长，令人惊讶，据查史料，郑和曾于永乐三年（1405）六月起至宣德五年（1430）十二月底止7次驻泊长乐，计51个月，1500多天。郑和在出洋前于长乐驻泊，最少两个月，最多11个月，自然也会有闲暇奢取于万机之中，以供探访灵山胜水，会见属官朋友，读书解经，参拜妈祖，修筑寺宇碑钟，都是情理中事。

此时的郑和已至老成。岁月的沉淀，再加上久历宦海、航海、外交、兵事，说他是国中阅历最深厚、见识最广博的人，又谁敢出见驳之声？

一日，郑和专门观瞻了长乐一个道观，又乘兴造访了著名的云门寺（这个寺庙，史载曾由郑和出资捐修，郑和虽然是一位虔诚的穆斯林，却能包容其他宗教，在江苏、云南、浙江、福建等地，均有供奉佛教的记载）。云门寺旁，还有朱子阁。这里提到的朱子，即是朱熹。郑和颇觉奇怪，这位宋代大儒为何荒奔于此？陪同的人中有位叫杨一的道教正一门派住持告诉他，这位朱老夫子是避谗言迫害，躲祸而来此地的。这使郑和多少有点伤感，他沉吟不语，久久凝思。世之无完人，古今皆然。可叹的是那些注重名节，效法圣贤的有为之士，常被污损得面目不佳。“木秀于林，风必摧之，岸出于堆，流必湍之。”郑和是一个聪明人，此时的他，已感受到，成祖去世后，政治环境，已是今非昔比。表现在朝臣们非议下西洋之声，已日见表面化。这一窝窝、一群群朝臣，起初，议论起下西洋倒还有些节制，后来，便不再顾及。如曾把下西洋的好处，歌颂得天花四落的夏元吉老尚书，已成了反对下西洋的中坚，若不是他也于宣德朝初期仙逝，宣宗重启下西洋也怕会遭到他拼死阻谏。正在此时，那位陪同的杨一住持打破了郑和的沉思，说道：“大人，有一件事不知道说不当说？”郑和说道：“但说无妨。”“小的也曾读了一些诗书，知汉代张骞开通西域，建一代大业，被汉武大帝封为博望侯。郑大人，您率大明舟师，建航海伟业，开通海道，为天子迎送万方朝贡之宾，其功其勋，博望侯，当难望大人项背！”

郑和听了，淡然一笑。这位陪同的住持说的将他类比于博望侯的话，他已经不是一次两次听到了。他淡定地回答道："和等既有幸效力于皇上，何敢再张利禄之心，攀比古人？此时，我倒是想起了东汉崔子玉的《座右铭》里的一句话：'世誉不足慕，惟仁为纪纲。'"

住持回答道："大人说得是，世誉倒真是不足慕，只是大人下西洋的事，瀛涯万里，云帆高张，前无古人，后不知来者，须当有个宣示、记述，以慰后人才是。"

郑和一听更是大有感触。永乐十四年（1416），就在他第五次下西洋之前，明成祖朱棣便于南京龙江之上建立天妃宫，并刊立御制碑刻，建制宏大，书法精良，文辞高迈。郑和特别记得，成祖在碑文里说：

> 父皇太祖高皇帝当年开疆拓土，统一天下，拥有四海，疆域幅员辽阔，以天空能覆盖的地方为边际，以大地能承载到的地方为尽头……自我承袭了宏大基业，便时时以继承先人的志向自勉……常常派使者到海外各个国家交流，推崇高雅的礼仪，倡导良好的风俗习惯……(注，此为碑文译文，顺此向译者表示谢意。)

这些文句，读起来多么激荡人心，而自己就是受命于皇上，把大明礼俗，传播到天之所覆、地之所载的边际尽头的皇明正使，承担着义薄云天的"公干"。于是，郑和心中漾起几分自豪，但神态却十分笃定，似是无意地问道："先生如此说，似是有什么事要指教郑和？"住持回答道："既然大人如此礼贤下士，小的便真说了，我建议大人在长乐候风之时，勒石刊碑，功记下西洋事，一是旌扬太宗文皇帝之德，二是昭示于千秋万代之后人。"说到这里，这位住持拿出一副书卷："刊碑之事，绝不称过分，古人早有先例，我这里有一篇汉代班固的《封燕然山铭》即是例证。"

听到这里，郑和心中很是高兴。他是一个"文通孔孟"的人，这篇铭文他早有所闻，其中几句，也曾铭记于心，更主要的是他被提醒在长乐立碑的事，倒正是心中盘算过许久的事，正在打算要办的事啊！早在永乐五年（1407）他率舟师第一次下西洋到古里时，就曾立过一块碑记。而在第二次下西洋的永乐七年（1409）大明舟师经过锡兰山时，也曾立过一块碑。永乐九年（1411），他第四次下西洋前到云南省亲，也立过碑。

从文献资料上，有关郑和立碑的记载，远远多于我们此处罗列的次数，说明郑和立碑已成每次下西洋的惯例，是他倾心为之的要事。只是那些碑文，记事番国务求不妄，宣扬大明功德也算去得，郑和看来，不尽如人意的是还欠些文采，遣词用句还未曾说得畅快，也未曾说得豪迈，相比班固的铭文，可是差得多了。

郑和越想越有些激动，觉得是应好好筹划一下这件事，打算回去就找人商量办理碑刻的事，于是托称有事，终止游赏，接下班固铭文，谢过那位住持便回到十洋街舟师衙门里。

## 总兵官的为国建功情怀

郑和回到太平港十洋街舟师官邸，又把班固的铭文读了一遍，自然免不了一番感动，拍案叫绝。

班固（32～92），东汉扶风安陵（今陕西咸阳）人，字孟坚，博学多才，汉明帝时曾任兰台令史、典教秘书。以20年时间撰写出我国第一部传记体的断代史——《汉书》，有人称其“文辞渊雅，叙事详瞻”，确立了他的中国古代史家泰斗地位，以文采书法流芳百世。

公元89年，班固年届57岁，跟随汉长国舅车骑将军窦宪“治兵朔方”，征讨匈奴，大获全胜，建历史之功，受命写下《封燕然山铭》。此篇铭文是他文章中的极品，称得上是千古雄文。一代大书画家，明礼部尚书董其昌曾书写。

郑和是一个悟性极高的人。此时，他读过班固文章，一是为借鉴书写碑文之用，如他这样的人物，非大手笔，必不可入法眼。第二也是希望在古人所言中获取些精神智慧，激励自己。

此时的郑和，已是人生暮年，这种年龄，若是致仕回家，赋闲山水当是不错的选择，可是他却即将赴星槎瀛涯之处，这倒和班固以57岁之身，出征塞外大漠之地，经历颇为相似，共同具有“烈士暮年，志在千里”的几分悲壮。虽然如此，郑和当然知道，他与班固不同，班固虽然文武兼备，但就其本原而言还只能算是儒生，而他是统帅舟师的正使太监，下西洋总兵官。当然，位高权重的另一种解读是高处不胜寒。

前面我们已提到，自从太宗文皇帝朱棣去世，在夏元吉等几位尊望甚高的老臣带领之下，对下西洋责难一事不绝于耳，如他这般官场老手，必然能敏感地嗅出一些些隐藏的政治风浪。比如，有人甚至已经计算出他累下西洋已耗去的钱财，是“白银600万两”，相当于明王朝两年的财政开支，这正是鼓噪下西洋必须停罢者的最佳说词啊!说它具有杀机也一点不过分。那些心机颇深的朝臣，还会构织些什么凶险的罪名也是可料之事。

郑和自然是不会当软骨头的，但不怕不等于不防。

再说皇上叫他去当南京守备，是够显赫的事，但其中的恶味也是不言而喻的。郑和的下西洋官兵27000多人，就在郑和任职南京的时候相当于被“一锅端”往金陵充作闲杂。据郑一钧先生著述，一位叫吴中的工部尚书就曾奏称“南京闲旷军士亦多”，“原下西洋10000余人久闲……”

这支本该驰骋大洋，为国家建功立业的大明海军主力，也是当时世界上最精锐的海军，处于被取消建制的实况之下，一会儿被派出去修房子，一会儿被派出去修庙宇，成为在南京城专事打杂的二等公民。而在海外，这些

“官校旗军”是大明使者，处处受到礼遇，极备荣耀。郑和一边想着，一边读着班固的《封燕然山铭》。当读到班固所记述的北征之事时，他的注意力顿时集中起来。

班固笔下，再现了一幅金戈铁马的战争场景，现将前辈学者现代汉语译文做如下转述：

> 军队如雄鹰飞扬般威武，将士如螭虎般勇猛……其有骁骑10万。元戎车轻疾迅猛，长毂车分为四队，车响如雷，遮盖了道路，共有车辆13000馀，部署着8种阵法，莅临有神明般威严，铁甲反映着日光，朱旗染红了天空……穿越大漠……各路军队横行无阻，如同流星飞去，彗星掠过，万里清净，原野无寇……

班固的铭文尽写汉代先祖们开疆土的神威，千古气势，破纸而出，百代气豪，压天抑海。车骑将军窦宪，晖华夏祖业之光，天地英雄一个；史家班固，张中华精神之巨帆，文海豪杰无双！神交一时，顿生敬仰之情，引导着郑和思绪奔向千里大漠，万里海洋……顿时，郑和心中的阴霾为之一扫。

所谓“英雄所见略同”，正是他此时的心灵写照。郑和追随燕王，跃金枪于塞北，后奉旨成祖，云帆高张于大洋，那些他曾亲历亲为的兵事、海事，一幕幕闪现，都与国家命运有关，都是些镇抚天下的大事，这些英雄豪杰的壮举，出生入死的行踪，都让班固先生写得如此出神入化。

郑和再读下去（亦为前辈学者译文）：

> 北匈奴举国臣服，军旗回转，全师凯旋，考察历史，检验地图，览尽这里的山川。于是逾越涿邪山，跨过安侯江，登上燕然山，践踏冒顿单于的故地，焚烧老上单于的龙庭。对上以抒发高祖文帝的旧恨，光耀祖宗的神灵；对下使子孙平安开拓了境宇，弘扬了大汉的声威。

郑和一下子热泪盈眶。解读铭文，联想己身，大明王朝太祖皇帝朱元璋早已逝去，而成祖朱棣几年前才殉职于征战途中，两位先皇开创了一代伟业，不仅在“安内”，也在“靖边”，这“靖边”指的是，抵御北方各游牧民族的侵扰。若提及北元残军，朱元璋把元顺帝赶到漠北，虽是逐敌于千里之外，但成祖当朝，元蒙势力亡大明之心不死，多次卷土重来，拟集兵四五十万进攻明朝，真是班固所说的“文帝的旧恨”未消，这五个字正是郑和想说的为臣之言。自打永乐三年起，郑和奉使西洋，虽未遇国与国的倾力对抗，但皇帝诏示要宣德化、柔远人，干的正是班固所言开境宇、扬声威的事，郑和可是竭尽全力，未曾有丝毫的懈怠。班固铭文中传承着忠于国家、效力皇上的干臣情怀，正与郑和心灵息息相通。试想一下，一个13岁左右受宫刑的阉童，受尽非常人能忍受的凌辱，若没有些许报效国家朝廷的理想、信念，恐怕连生活下去都会成为问题，而《封燕然山铭》浸透出来的那种建功立业、彪炳青史的激情，不正是郑和赴海蹈洋的动力吗？郑和焉能不为班固的文句所感动！

在郑和看来，上溯汉唐，下至本朝，是一个建功立业的时代，忠于皇明，自不待说，而“立德”“立功”“立言”，古已有之，再由伟大的书法家、一代忠臣颜真卿说出后，代代相传，不仅被视为人之所以万世不朽的源本，也成为一代代忠臣良将必做的人生功课。

读着班固的铭文，郑和还有一种别样的激动，这就是——塞北的狼烟，郑和闻过了；塞北的雁鸣，郑和听过了；塞北的落日，他记得是圆的，因为大漠平展无遗。但古人，班固时代的古人却没有几位有幸见过西洋，下过西洋啊！

郑和正干着前无古人的事。他从事的“公干”，由陆上而水上，已由大漠孤烟、长城衰草，一展而为千里浩海、万里瀛涯。

郑和接着读班固的铭文：

> 这可谓一次辛苦而永远安逸，暂时靡费而永远宁静。于是封山刻石，清楚地铭刻大汉的威德。

读到这里，郑和连连叫奇，这位班固先生怎么会写出如此神妙的文段，一直说到自己心上去了。铭文中关于“辛苦”“安逸”之词，“靡费”“宁静”之语，简直是为当世而设，在帮他这位大明之人说话，像是帮他回答反对下西洋朝臣的责难，让那些朝臣们公正一点，理智一点，对待这桩明初大政不宜尽看到某些表象和不足。

读铭文至此，郑和立意已定，一定要在这福建长乐再刊刻一块石碑，碑文要效法班孟坚的吟赋高旷、文采华茂，刊碑要如《封燕然山铭》一样卓立天地，供万人传诵。此时，他已想好了，碑文主要内容是颂记舟师七下西洋功德。碑名叫《天妃灵应之记》，立碑时间是宣德六年（1431）十一月。虽然，几个月前，确切地说是宣德六年（1431）春，他已在江苏太仓舟师起锚之地立了一块碑，名曰《通番事迹之记》，并明确写下立碑是为了讴歌“天妃”“神功之大概”，记载“诸番往回之岁月”，强调要“昭示永久焉”。他已于太仓所立的碑中，把心中想说的话，想记的事，一吐为快，但终觉未尽肺腑，才决意再立这块《天妃灵应之记》碑。

关于这两块碑的内容，已有识者发现大有相同之处，便一度简单判定为有重复之嫌，似可不必两碑重立。其实这是不对的，两碑内容相同的地方，是因事之大要如此，均不可不述，但防沧桑之变，湮一则留一。而长乐碑境界则更高，传郑和之心声，述其立碑之心声。

上述这两块碑，俗称“太仓碑”“长乐碑”，与云南“晋宁碑”，同为记载郑和下西洋史实的最重要的三块碑刻，已成重要文物，具有国宝价值。

## 解读《天妃灵应之记》碑

郑和在长乐刊立《天妃灵应之记》碑之前，于宣德六年（1431）仲夏曾铸造一口铜钟，因于1981年发现于南平，俗称“南平钟”。铜钟主要铭文是“祈保西洋往回平安，吉祥如意者”，解读此文句是否可理解为：在例行祈求神灵保佑的文辞之外，隐含着郑和等人对此次下西洋的不安预察预觉？

尽管有不祥之兆，郑和还是于六十余岁高龄第七次下西洋。尽管海上航行生死难料，凶险频生，但《天妃灵应之记》碑文，格调高昂，文采飞扬，可称是一盏引领大明舟师精神的灯笼。有人呼吁，鉴于此碑的文化品位，思想价值，应将碑文纳入中学语文教材，这提议似不为过。

《天妃灵应之记》碑文的确是明代的一篇好文章，我们拿郑和立过的多个碑文和其他碑文相比较更是感觉如此。

碑文原文共1177字，因为它总述郑和下西洋全貌，于爱好者而言，决不会嫌其长，现把福建长乐郑忠南先生的现代汉语译文抄示于下（于此，谨向郑先生表示忱谢之意）：

我皇统驭大明，天下四海，已成一统，国力

强盛，疆域广袤超过夏、商、周和汉、唐。从天的边际到地的尽头，没有不表示臣服之意的地方。西域再向西，北疆再往北，固然很遥远，然而里程还是能够计算得出来，像海外各国那般区处，便实在是遐荒僻壤了。他们都捧着珍宝，带上礼物，借助多语种间接翻译，来晋谒我朝。皇上嘉许他们的忠诚，委派郑和率领数万官兵，乘坐一百多艘巨大的舰船，携带上财物赏赐他们，以此宣扬皇明的道德礼教文化，安抚远在海外的人民。

从永乐三年（1405）奉命出使西洋，至今已经七次，所经历的海外国家，从占城国（在今越南中南部）、爪哇国（在今印尼爪哇岛），三佛齐国（在今印尼苏门答腊岛）、暹罗国（在今泰国），一路跨海越洋到南天竺（在今印度南部）、锡兰山国（在今斯里兰卡）、古里国（在今印度东南沿海卡利卡特）、柯枝国（在今印度西南部柯钦），抵达西域的忽鲁谟斯国（在今伊朗东南部米纳布附近）、阿丹国（在今亚丁湾西北岸一带）、木骨都束国（在今索马里的摩加迪沙一带）；大大小小计有30多个国家，远涉重洋10万多里。

放眼海洋，狂涛与天相接，巨浪犹如高山；纵目异邦，迥然远隔，笼罩在烟霞缥缈之中。我们船队高高张挂的风帆，几可遮盖满天流云。日夜兼程，恍若流星飞驰；航进在狂涛巨浪之间，恰似穿行于宽畅的街道上。这实在是凭倚了朝廷恩威福气的赐予，尤其是仰赖天妃神灵庇护保护的功德所致。天妃神灵，在过去本来就见称昭著，而今是愈发灵显了。但见茫茫大海，每遇风涛大作，就有神灯高照在帆樯上空，仰仗灵光降临护佑，于是舟师化险为平安，即使舰船颠簸频连，也能保障没有危险。

我们舟师造访番国，遭遇僭越轨度，傲慢无礼的藩王，便活拿下他们，遭遇海盗侵夺抢掠，便围捕消灭他们。从此，一路航程清肃安宁，海外民众也向往依靠我们。这些都是天妃神灵的恩赐啊！

天妃娘娘庇佑众生的神通灵应，不容易穷尽列举。以前，我们曾经奏报朝廷，恭请记录下神灵的德泽，备案于太常寺，并在南京龙江之滨建造天妃宫，将世代祭祀列为国家盛典。仰承皇上颁布纪念天妃之德的文告，彰显天妃神灵的恩赐，褒扬赞美及于无上崇高啊！

可以这么说，天妃的灵应，不管什么地方都存在，比如长乐山天妃行宫——因为我们舟师屡次驻泊在这里（长乐太平港），等候季风开船出洋，于是在永乐十年（1412），奏请朝廷批准建立这座天妃宫，作为官军祈祷告谢天妃神灵的处所——既尊严又整肃。天妃宫右旁建有南山塔寺，历经年代久远，满目荒凉，颓废倒塌，我们每次驻泊此间，都对该寺进行修葺。经过数年时间整修拓新，南山塔寺的殿堂禅室，大大胜过旧时规制。

今年春天，我们还是继续前往海外各国，舟师聚集在此地港口，重新修葺佛寺和天妃宫，使它更加华丽壮美，而且还向神明许下心愿，施舍财物，在天妃宫的左边鼎力建造一座宝殿，雕塑装饰圣像，璀璨而崭新，钟鼓等供奉神明所用的仪仗器具，没有不陈设齐全的。人们都认为这样操持，或许才配称充分表达恭敬奉事天地神明的用心。大家有这种心愿，当然也都乐意为修葺佛宇神宫出力，宏敞壮丽的殿堂庑廊，不多的时日，便告修成。那彩绘栋梁，恍若云霓缭绕，展翅欲飞，周边还掩映着青松翠竹——神祇安享奉祀，众生身心愉悦，实在是佳胜景致啊！这一方热土，这一方民众，难道不是同样都能享受到神灵庇佑的福祉和利益吗？

人们能够竭尽衷心奉事皇上，那么办事没有不成功的；能够竭尽虔诚奉事神明，那么祈祷没有不应验的。郑和等人，在上承蒙圣明的皇上恩赐宠重权责的尊隆，在下肩负着向遥远的异邦敷教恭敬诚信的重任，统率着庞大的舟师，掌管着巨额的钱财，日夜勤勉职守，只恐怕不能完成朝廷的重托。怎么敢不竭尽忠心奉行国事，竭尽虔诚奉事神明呢？我们舟师平安无事，往返畅达顺利，又怎能不明白予以我们保障的是什么来由呢？因此，为彰显天妃神灵的功德而刻石立碑，同时记载累次出使海外各国往返的时间，让它留下永恒的历史纪念。

——永乐三年（1405），统率舟师到达古里等国家，当时海盗陈祖义在三佛齐国纠集部众，抢劫掳掠外国商人，也侵犯我舟师。当即有神兵暗中相助，一鼓作气歼灭了他们。到永乐五年（1407），舟师回国。

——永乐五年（1407），统领舟师前往爪哇、古里、柯枝、暹罗等国家，受访的诸位国王，分别进贡各色珍宝、珍禽异兽。到永乐七年（1409），舟师回国。

——永乐七年（1409），统领舟师前往已造访过的各国。途中经过锡兰山国，该国国王亚烈苦奈儿，仗恃驻防险固，傲慢无礼，还阴谋加害我舟师，幸亏神灵显应，识破他的阴谋，于是把他活拿下。到永乐九年（1411），回国献俘，不久，得到皇上开恩赦宥，让他回到自己的国家。

——永乐十一年（1431），统领舟师前往忽鲁谟斯等国。此前，苏门答腊叛乱首领苏斡剌割据称王，兴兵攻城略地，该国国王宰奴里阿比丁派遣使臣向我朝廷诉请求援救。（朝廷许舟师抵该国时）便率兵剿捕，仰赖天妃神灵暗中相助，活捉了伪王。到永乐十三年（1415），我们班师献俘虏。同年，满加拉国王亲自携妻子儿女前来朝贡。

——永乐十五年（1417），统领舟师前往西方各国，其间，忽鲁谟斯国进献狮子、金钱豹、大西马。阿丹国进献麒麟（长颈鹿——当地又称“祖刺法”），以及长角“马哈”兽。木骨都束国进献“花福禄”（斑马）和狮子。卜剌哇国进献千里骆驼和鸵鸟。爪哇、古里国进献“麋里羔”兽。这些都是隐藏在深山大海中的灵异物种，潜栖于沙漠陆地中的奇伟珍宝。各国没有不争先呈献的，有的派遣王子，有的派遣王叔、王弟，捧着黄金打制成的登录贡品的表册文书，前来朝觐进贡。

——永乐十九年（1412），统领舟师，护送忽鲁谟斯等国在我京都滞留已久的使臣，全部返回各自的国家。从此，他们的各个国王比以前更加注重修持朝贡的职分。

——宣德六年（1431），我们一如既往，统率舟师前往海外各国，开读诏书，颁发赏赐，仍然驻泊此地港口（长乐太平港）等候北风开船出洋。

回想以往数次出使西洋，都仰仗神明相助保佑的功德，因此刻石立碑。

宣德六年（1431），干支纪年岁序属辛亥，仲冬（农历十一月）吉祥的日子。

正史太监郑和、王景弘，副使太监李兴、朱良、周满、洪保、杨真、张达、吴忠，都指挥朱真、王衡等刊立。

道教正一门派住持杨一初行跪拜礼虔诚立碑

关于这篇碑文，史学家高评不断，这是有道理的，如果历史的研究工作总是从最原始的第一手资料开始，那么研究结果会更加接近真实。但我们认为，说是一篇珍贵史料，自然合宜，但把它当成一件上乘的文学作品欣赏，也未尝不可。

只是不得不说，举凡当时之人如何视为珍宝的东西，历史老人接手时往往也会不甚在意，随手扔进流年中去的事，十分常见。

郑和倾力倾情刊刻的这块碑刻也一样，没有逃脱古碣残碑的一般命运，500年来无人问津，伴着冷风、草树、斜阳，孤寂地躺在泥土里。1930年，一位福建农民在长乐南山天妃行宫中刨土时偶然发现了。好在一位叫吴鼎芬的县长是识宝之人，在抗日战争时，给予了保护。直至1984年，收藏于新建的“郑和史迹陈列馆”。

这时，我们才知道碑本身的确切情况：碑高133厘米，宽78厘米，厚16厘米，碑座高29厘米。

这块石碑的出土真是令中国人民十分兴奋。大体一算，它距梁启超1905年5月18日发表《祖国大航海家郑和传》一文有25年，距袁嘉谷先生1913年考证“马哈只”墓碑有17年，时间不长，而且出现的正是时候。前面说了，由于梁、袁二位文坛巨匠的推动，揭开了中国现当代研究郑和的热潮，一些才高学厚的学者也投身其中，使这一项研究事业有了中国最优越的学术人才支撑，这些学者有的是学术智慧和研究手段，正苦于史料的不足，物证的匮乏。

一般认为，云南晋宁《故马公墓志铭》碑的发现，拓展了学者们的研究方向和视野，引出郑和家世研究的诸种硕果，而福建长乐《天妃灵应之记》碑（在以后的文字中，我们简称为“长乐碑”）的发现，则是深化了学者们的研究层次，为郑和下西洋的基本脉络找到最权威的证词和证物。

长乐碑的发现，实在是大可庆贺的事。

顺此要述说一下郑和史料去向的历史公案。前面提到郑和下西洋留下的官方史料极少，一直令学者浩叹。这么重大，举一世界大国之力，延续了28年的国家行为，在国家的档案中居然找不出像样的原始材料，真是咄咄怪事。材料哪里去了呢?

后来，有人根据明人严从简著述《殊域周咨录·卷8》中翻查出一则材料爆料，是一名叫刘大夏的人给焚毁了。这位刘大夏先生毁资料时，官职不大，时任车驾郎中，岁数应该也不大，照如今的说法，恐怕也就三四十岁吧？安给他个“愤青”的头衔也是恰当的，因为他太过于激愤了，很绝情，很彻底。他采取的办法是焚毁，中国话说“水火无情”，没有比这更能称为消（销）灭的手段了。不过也有人对这则史料提出质疑，有史家认为刘大夏当时官不够大，他没这个权力办焚毁资料的事，他应该请示“上峰”……或许他不请示，直接自作主张地办事。

有论者称刘大夏应该是一名铁杆反对派，不准郑和们下西洋，也不准日后有人借助如“针路”“海图”“航程”一类资料再下西洋。有论者称，他铁着心，想断了世人再生下西洋的念想。绝呀！

不仅如此，刘大夏私焚郑和下西洋资料的史料还有延伸：成化年间下令查找史料的兵部尚书项忠曾一度为查不到资料而十分愤怒，后来却态度大变，称赞刘大夏干得好，积了功德，还预言他所担任的兵部尚书的职务将来会是刘大夏的。刘大夏后来官事顺达，果然担任兵部尚书。

这两则史料互相佐证了两件事，一是本应该存在的郑和下西洋官方史料至今不见，究其去向，或许有了一个说法，那就是被郑和同一朝代的人给烧毁了。第二是明代反对郑和下西洋的大有人在，不少人位高权重，具有影响朝政的实力。

长乐碑的发现，补正了官方正史《明史》和其他史料关于郑和下西洋重大史实的缺失。

如张国英先生在《舟师出访，宣德赍赐——〈天妃灵应之记〉内涵研析》中就认为：至于《明史》那是在清代官修的，其中《郑和传》过于简略；清代以降的一些相关著述，或沿袭旧说，或揣测臆想，殊多错误。他认为长乐碑纠正了《明史》等史料对七下西洋年月、航行路线、到达国等各方面记载混乱与稽误。

这一说法应是准确的。长乐碑的出现，结束了一场旷日持久的争论——就是郑和下西洋到底是几次的问题，他到过哪些具体国家的问题。由于碑文中由郑和自己说清了是一共7次下西洋，那些说是8次、10次的说法，自当不会再延续，而他记述的国名，也言之凿凿，不必再做猜想。

我们继续探讨长乐碑的价值。

长乐碑说清了下西洋的目的，是“赍币往赉之，所以宣德化而柔远人也。”这于《明史》所言的寻找建文帝之说，以及宣示大明国力强大的说法，又不相同。《明史》的说法猜读的味道很重，事实上起到广泛的“误导作用”，如何看待郑和下西洋的动因，《明史》的眼界不足恭维，而著史文人们的论说也实在是颇为小气。长乐碑记载郑和舟师带着钱物去赏赐那些臣服大明的国家，宣传大明的道德、礼教、文化，安抚远在海外的人民，体现了大明王朝当时作为14世纪的一个世界大国、强国的胸怀意志，虽大而独尊，却不仗势欺人，“以惠及人”这一做法，是实现大明皇帝“混一海宇”以及诏书中反复提到的“共享太平”之福的理想，比较符合明代国家意志的历史事实。

长乐碑的文学性也是令人叹赏的。碑文一开头造语不凡：

> 皇明混一海宇，超三代而轶汉唐，际天极地罔不臣妾。

这是云南人郑和代表一个强大王朝的天下告白，超迈而自信，文采逼人。试想一下，一个破破烂烂、羸羸弱弱地宋朝，敢有人这么说么？这也是时代赋予郑和站着说话不怕腰疼的底气，福啊！

碑文接着说：

> 其西域之西，迤北之北，固远矣，而程途可计，若海外诸番，实为遐壤……

这一段话，实在不能轻易滑过，文章颇为务实而又意韵深长。我们是否可以做这样解读：在郑和看来，大明王朝边疆哪怕再西再北的地方，即便是遥至千里万里，因为张骞率先代表大汉王朝去开通，后人跟进不再荒僻，已成为人们耳熟能详的“丝绸之道”，所谓绝域边路已不足以再说它是人们未涉足的地方，而海外那些历来罕通中国的“诸番”，才真正称得上是陌生之国，如今我代表大明王朝去实施“公干”，谁能说这不是开天辟地以来的新举措，谁说这不是旷远三代、汉唐的第一回？——这么一说，碑文便有了新意，有新意的文章自是好文章，新就新在郑和知道，自己在重振海道（即海上丝绸之路）的雄风。已有史家注意到这一点了，他们提醒我们研究郑和，要注意他续拓海上丝绸（瓷器——后文不再注此二字）之路的新贡献，说是续拓，这是指郑和下西洋，是沿海上丝绸之路航行的壮举；说是新贡献，是指他率船队把海上丝绸之路开通到了历史的极致上。

写到这里，我们要欣然地加点插说。在我们读史书，并了解了一些关于海上丝绸之路、陆上丝绸之路的始末时，我们忽然产生作为一个云南人的骄傲，因为两条中国通向世界的伟大交通线的通达，都与我们云南有关，与云南人有很大的关系，正是有了我们云南人参加，中国对外交通史上才有了新姿亮色的篇章。这两条交通线，一条是起于四川西部，入云南，出缅甸、印度的中国古代陆上大通道，也就是那条被称为“蜀身毒道”的俗称“南方丝绸之路”的古代交通线，它的开凿，有史家认为是在“公历纪元前123年”，早于丝绸之路两个世纪。我们的家乡滇西是它贯达的厚重土地。

另一条是起于中国古代长安的海上丝绸之路，这条海上通道是公认的对推进全世界两个文明起过重要作用的著名交通线。

因此，我们很有理由说，参与开拓海陆两条世界大道的云南人，即是参与缔造了中国古代交通文明的大英雄。历史赋予他们机遇，他们把握住了。他们不仅把

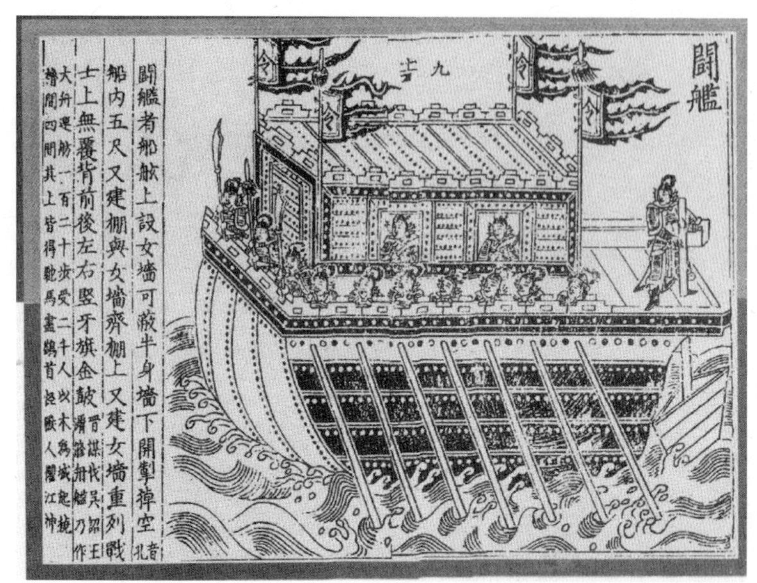


中国古代典籍中绘制的“斗舰”（即战船）形制不凡，造像威武。此船虽不属郑和船队，但制造年代，则不晚于明朝

自身的视野推向了无限旷阔遥远的地方，成为文学、哲学书之不尽的话题，也为云南的可持续发展留下大有作为的空间。无怪乎，民国时代一位名垂当时的云南会泽籍学者夏光南先生，是研究中国“南方丝绸之路”的权威，颇为自得地在其研究“路”的专著——《中印缅道交通史》中写道：

>……西汉以前，川、滇、印、缅甸之交通已启动。一世纪中（公元 69 年）滇西之永昌设郡，汉威远播于缅甸，是为中印直接交通之始。

清代《古今图书集成》插绘的海船图，装饰可称豪华

接着夏先生又分析说，由于路——中印交通的开启并发展，则可展望在不久的将来：

> 印度与扬子江流域之铁路，相接于云南，则吾国与欧美经济之合作，将愈密切，而云南之经济地位，将如英之“约克西亚”“兰卡西亚”，工商之盛，甲于全国。吾述中印缅交通至此，不禁欢欣鼓舞以迎之！

郑和舟师肯尼亚装运“麒麟”——长颈鹿(云南赵志华绘)

夏先生的著述付梓于1948年。似与今天我们常常说的“桥头堡战略”不谋而合。夏先生论及云南人参与“开路”，解套于高原、盆地的束缚，使自己参与国际经济大循环并处于连接地位，其远见卓识，不让当今，实属令人“欢欣鼓舞”之词。

长乐碑另有一段文字，也为人们所津津乐道：

> 自永乐三年（1405），奉使西洋……大小凡三十余国。涉沧溟十万余里。观夫海洋，洪涛接天，巨浪如山，视诸夷域，迥隔于烟霞缥缈之间，而

我之云帆高张，昼夜星驰，涉彼狂澜，如履通衢者。

这一段文字，真是优美至极，它有文学上的浪漫主义色彩，又有“敢为天下先”的行事方面的英雄主义情怀。

在郑和的碑文之下，凶险的航海，竟是“云帆高张”，一派美丽雄壮；“涉彼狂澜，如履通衢者”，竟具有闲庭信步的雅兴。

我们对比一下，明成祖在南京立下的《御制弘仁普济天妃宫之碑》中，把航海写得有些惊心动魄（一位学者的碑文现代汉语译文抄述如下）：

起初使者远涉汪洋大海……遭遇到飓风的袭击，狂风携裹着黑云暴雨袭来，搅得天昏地暗，雷鸣电闪轮番交替，浪涛大得能够摧毁山岳。龙形鱼状变化无常的怪物，形状诡异，纷纷杂杂在浪涛里出没。在场的人个个心惊肉跳，目瞪口呆，没有一个不惊慌失措。

这是御制碑文的记载，大约为皇帝写碑文的人，也是听下西洋者所言，才有如此战战兢兢的文笔。相比之下，郑和有的是大无畏的气概。

综上所述，班固和郑和的两篇碑文气韵相通，显示出中华民族的一种精神境界，谱写史诗，开创百代伟业，不畏艰险。就我们而言，我们颇欣赏中国古代刊碑勒石的文化传统，它把建功立业、记述历史、书道金石等巧妙地结合起来。那些穿越历史的碑文，自有一股伟大的精神力量昭示后人。那些伟人所立或记述伟业的碑碣，蕴存的文化磁力，又会永久地吸引着凭吊的目光。

# 云帆万里过重洋

李约瑟博士认为明代中国海军是世界上最出色的海军，所有欧洲国家联合起来，都无法与之匹敌。本章，告知读者郑和下西洋强大的海军编队，一流的人才组合，领先世界的舰船及兵器配备，独创的海外远航基地……解答明代舟师何以强大的谜底。

## 郑和船队的编队和联络

600年前，郑和下西洋的具体情形会是怎样呢？这对600年后的今人，具有无穷好奇的魅力。如能超越时空，近距离观赏，郑和船队在海上如何航行，那实在太有诱惑力了。

我们大致可以推测想象的具体情形是："在苍茫的大海上，风聚集着乌云，在乌云和大海之间"（这里借用高尔基的散文诗句），海浪翻腾，水花四溅，就在这黑漆漆的夜晚，郑和的宝船，又叫龙船、巨舶、宝舡、巨艅、大舶……反正，怎么好听怎么叫。船头装饰有彩虎、金龙一类的巨型浮雕，船尾有"凤凰飞舞九天，鲲鹏展翅苍穹"的木刻饰物，诚如古书中记载的："锦帆益首，屈服蛟螭""晖赫皇华，超越古今"。空阔的大海上，一条条大船大舰，雄赳赳地出现在天海交接的地方，来得很突然，又来得很必然，排成了明代小说家罗懋登笔下的神秘又壮观的"飞燕阵"，结队扬帆航行，这些船舰浮在海上，数量那么多，个头那么巨大，那么庄严，又那么具有超凡气象，那么从容不迫……当然，也不可能总是那么自在，因为这些船，因为有时会被海浪忽而抬起，忽而抛下，显得磕磕碰碰颠颠簸簸……当然，也可以解读为伴着海浪跳"巨舶舞"……对太平洋、印度洋临海的居民来说，这种观瞻大明舟师的场面实在太新奇，太震撼了。郑和宝船上飘扬闪亮着旗灯，挣脱了海雾的笼罩，显现出来，鸣响着金鼓号角，与海的喧啸互不相让，比赛喉嗓。

郑和船队的旗幡功能不同，交织在一起，格外抢眼，把如林樯帆，装饰得格外有灵气，使无言的巨舶有一种说不出的神采。航海专家认为，郑和船队的旗帜，有："标志旗""信号旗""装饰旗"三种。属于"标志旗"的帅旗最好看，"中间以黑布做一'郑'字"，且有"黄栏赤火焰间彩脚"的饰物。其他的旗帜分为"蓝、白、红、黑四种"，还有"左青龙""右白虎""前朱雀""后玄武"的讲究。大者，如信号旗，长约二丈，旗中的字大有一丈见方。装饰旗，也八尺见方。若是快到预定的目标地，这些旗在船舶满挂满插地飘飘扬扬，有一种盛装访友的庄严，同时大明国威，舟师气象彰显无遗。说道金鼓号角，那鼓之大，卧在舰上，有八尺之高，五尺之阔，或发联络之语，或擂号令之声。

甲板上，船舱中，很多人，如火长、水手、船工、碇手、士兵，或操弄于船舱，或运动于桨橹，或延缆缩缆，张帆收帆，忙个不亦乐乎，只是每只大船上，一般有50来人在忙，人多手杂跑来走去，显得很热闹，有些乱麻麻地，却又显出众志成城之状。

现代人应该还有一个十分感兴趣的问题，那就是大明王朝一个或有200只，或有100多只船舰的庞大舰队，它们浮动在大海上，形成一个一望不见边际的海上堡垒阵容，占据一个几十里、几百里的海洋平面，它们又是怎样统一指挥，相互联络，分船执行任务，进进退退，聚聚散散的呢？

现代海军靠预警机、雷达发现目标，又靠无线电通联，明代可是没有这些。哪怕是两船相遇，人的嘴巴看得见动，人的声音未必能见听于海风海浪之中。

这些问题，可让明朝那位是小说家却并非舰队司令的罗懋登想到了，并在其小说《三宝太监下西洋通俗演义》（此书又名《三宝太监下西洋记》）中有生动描写，写得也颇具专业性。文学艺术源于生活，他写得那么好，一定采访得很深入仔细。另有诸多专家，也告诫我们读罗懋登的小说时，也应相信他对郑和航海史实的把握能力，而决非仅凭浪漫的文采。

郑和舟师在大海中航行，船舶之间的分离集合，互相联络，到底是怎样进行的呢？罗懋登笔下，郑和船队的指挥联络大致有四个方面的要领。

第一，编队有定数，形成相对固定的“安摆航式”。这种形式编队，打下查阅船只、指挥航行的基础，并使船队具有集合、分遣方便快捷的功能，随时掌控于指挥旗舰之下，该合就合，该散就散，该走就走，该停就停。

此外，这种形式编队，以郑和的大号宝船和几十艘战船成为核心——即“中军帐”，如同鸟的头部和躯干。另有几十号战船、马船，队列如“人”字一撇撇，排列于左，是为左翼；另有几十号战船、粮船、马船，队列如“人”字一捺捺，排列于右，是为右翼。左右两翼，如鸟舒展翅膀，运行伸展有力。后尾有几十号战船分为二队，如燕形，成为强大的防护后卫，这一阵势，很有些名气，也颇玄奥，有人称之为“飞燕阵”，即船队在海平面上形成一个燕子轻捷飞行态势的编队，十分有利于集结、包抄、挺进、打击海上之敌。

第二，使用旗语。在白天，能见度较好的情况下，以旗帜进行指挥、联络，罗懋登使用了5个字——“昼行认旗帜”以做概括。使用旗语，是明代海上通用的做法，相袭至今。郑和船队使用的旗帜，有“大坐旗”一面、“大枪旗”10顶，以“红布为幔”，或在船艄甲板之上，或在桅帆之上，当在远处即可看见，十分显眼。自然，除了大旗之外，还应有些五色小旗。

第三，灯语，以灯笼为号。这是在夜间使用的联络之物。罗懋登称，郑和船队“每船有灯笼100盏”，“夜行认灯笼”。又记道：“（夜间）各船以灯火为号。中军船放起火三枝”“各船以营为辨，前营船悬灯二盏平列，左营悬灯二盏，各桅一盏，右营大小桅各悬灯一盏平列，后营悬灯二盏，一高一底”……

悬挂灯笼，是中国文化的独特景观，“大红灯笼高高挂”，吉祥喜庆，一般用于婚事盛典，而用于军事，是属创新。遥想当年郑和“舟师”行进在大海上，樯橹林立，茫茫大洋夜空，空阔无边，处处红灯照眼，随着海浪起伏，彤红的灯笼随船颠簸而上下浮动，可以想见，照得洋波也略有些泛红……那些船被调度得进退有致，这是因为，那些船上的统兵官，自然是灯语中的老手，懂得“观灯”而“解语”，该穿行则行船如箭，该停舟候令，则呆若木鸡……那种气派，那种阵势……神武之师，胜利之师啊，想想都迷人眼目，醉人心脾，大明帝国的气派，哪就是一个颂词“雄伟”啊！

第四，响器联络。即在雨雾天气，能见度差的时候，靠锣鼓发布信号，相互联系。郑和船队，大致上，每船有大铜锣40面、小铜锣100面、大更鼓10面、小更鼓40面，一旦敲打起来，一定会演绎出“锣鼓喧天”及“震耳欲聋”的效果。中国人酷爱锣鼓是有名的，民间称之为“响器”是说它们击碰后发响声，用它们来表达欢天喜地，用它们来表达豪情壮志，用它们来表达作战节制（如鸣金收兵），用它们来恐吓鬼神……形成五彩缤纷的锣鼓文化。郑和船队的锣声鼓点，可指挥船只前进、后退、举炊、起锚、扯篷、升帆、转向、驻泊、集合，真是含义复杂，大概只有火长、船工、都指挥才晓得，我等凡人，两眼漆黑，两耳杂乱，品不出什么章法道道，唯有钦佩而已。

以上，就是我们对郑和船队航海的一些具体表述，顺此得感谢罗懋登，他的记载称得上有据有实又有创意。

那郑和呢？他在干什么？大约是在海道上，没到预定到达的海岸港口，番人（外国朋友）一时还见不着，他还不需出面宣读“奉天承运，皇帝诏曰”一类的诏词，加之年纪大，航海也是极累的事，他就坐在宝船中军帐中一把大椅子上闭目养神，也即打一会瞌睡。反正小事轮不着他做，大事一时又不急办。其实伟人打瞌睡，是一种大风景。大文豪托尔斯泰的《战争与和平》对此有生动的描写：在拿破仑横扫俄罗斯，马上打进莫斯科之际，俄国统帅、独眼将军库图佐夫元帅，就是在这种国家存亡的生死关头，在这种非凡时候召开的军事会上打瞌睡的。托翁笔下那情形大约如此：军事会上，俄国抗法大军的将军们数量不少，个个都很着急，因为莫斯科马上要沦陷了，因为这是首都的命运啊！将军们都忙着出谋献策，抢着述说对付那个该死的拿破仑的锦囊妙计，这些将军们当然是想让他们的头儿库图佐夫知道他们的“韬略”是如何之好，如何之妙，但大元帅有些不够意思，他压根没把将军们的意见当回事，竟以睡梦中发出的呼噜声回应将军们。不一会儿，大元帅醒了，又是睡眼惺忪，随随便便的样子，问问各位到会将军：“先生们，你们还有什么要说？”将军们面对这样的主帅，只能是面面相觑。他们还能有什么要说？只是那库图佐夫却绝到底了，然后，宣布结束军事会议。让大家该干什么的，就去干什么。后来，莫斯科被大元帅纵火烧了，那是轰动世界的军事策划。拿破仑仅得火中空城一座，也没多大趣味，法军厄运接着就来了，再后来，俄国人胜了，法国人败了。

几十年了，我等一直还记着那位俄国伟大的军事统帅库图佐夫打的那通“非凡”的瞌睡。想起来，就觉得豪迈，还觉得有大幽默。托翁的文学表现，同中国苏翁——苏东坡如出一辙："羽扇纶巾""谈笑间，樯橹灰飞烟灭"！哦，还有"小乔初嫁了"，妙啊！

以上，就是我们设想中并加以类比的当年郑和下西洋的某些场景。其实，聪明的读者早已想到，我们故意写郑和打瞌睡一段文字，其实不过是"但愿如此"而已，我们是在希望这位伟人小憩一会儿，他实在太忙太累了，只是，最后郑和还是忙死，累死了！《辞海》道："为国家作战而牺牲的人"称"国殇"。我们说，因积劳成疾，苦死累死在航海途中的郑和，颇合《辞海》释义，"国殇"年轻人多，郑和是"老国殇"。

## 人才济济，多位统帅是滇人

郑和下西洋，谱写了伟大的海上史诗。越来越多的中外史家们认为郑和与世界上那些让世人耳熟能详的大航海家一道，推动了世界大航海时代的到来，通过海洋道路，把世界的阻隔打开，联成一体。这是从世界航海事业的角度看，得出的结论。如从大明王朝遣使海外诸番的角度看，则又展现了郑和下西洋的多项成就。

概括起来，郑和下西洋的伟大历史功绩是：

——郑和完成了人类历史上，第一次最大规模即最众编员，最多船只，组织最为严密，航程最长的航海活动。

——郑和船队开创了人类历史上航海设备最齐全，

航海技术最先进的航海活动，把世界航海技术推向了一个新的高度。

——郑和船队把时间始于汉代，地点起于西安，“经长江出海南下，穿过马六甲海峡、孟加拉湾、阿拉伯海，再由尼罗河进入地中海的贸易路线”——即海上丝绸之路的运行，推向最为繁盛的时代，中国与世界各国的商贸往来，更加国际化，更具大规模、大格局。

——郑和下西洋，是开创了中国历史上规模最为巨大的海上外交活动，取得了空前的睦邻友好成果，同时，靖宁海道，维护了亚非地区的和平稳定。

——郑和下西洋，最为伟大的成果，是推动了亚非地区的文化交流，郑和船队是文明的使者，是文化的传播者。

——郑和下西洋，客观上对中国近代海权、海事的认知产生重大的启示作用，并留下了深刻而长远的影响。郑和船队，敢为天下先，能开世界洲际航行之先河，以国家的意志和形象走向海洋是中华民族人文精神的体现。它昭示的意义是：一个民族若是丧失了自强不息的信念，必然被动挨打，一个国家不论因为它当时处于何种历史情景，也不论它是否统一或分治，在海权、海事问题处置上，不作为或处置不当，必然祸及子孙后代。

郑和下西洋不可避免地导致一种当代学派——“郑和学”的产生。南京大学教授范金民先生注意到：“不同领域的学者分别从政治学、哲学、经济学、军事学、历史

十八位古銅像　桃及鎖金字煉師內供具等今安于庵[illegible]
後之子孫[illegible]古西方遺之具送小碧峰退居供奉以續
永遠香火一祭梵修各有[illegible]送永安寺至繼[illegible]者有後及
遞後他處所以言者有深意執就其遺屬府衣族戶族鄭均
日我所以[illegible]中耳聞乎不則宣德庚戌欽承
上命前往西洋癸丑歲卒于古里國有師宗謙咸恭奏日惠用
以追悼節次率領孫徒若干衆數詣宅建齋薦度宣德乙公
戶族門姪因於德與同先太監公共下西洋楊公惠泉袁
公普性黄公宗深杜公普明高公定住衆同商議不違先太
監公日前遺屬之言及將前項聖像若盤瓶鈍塔燈[illegible]
送付碧峰之退居供奉以滿太監公生前之願[illegible]

《非幻庵香火圣像记》影印件，此件是记载郑和“卒于古里国”的重要古籍学、考古学、建筑学、地理学、航海学、天文学、气象学、文学、民族学和宗教学等学科进行了广泛深入的研究，所获成果引人注目。正是在多学科综合的基础上，有关建立‘郑和学’的构想也就不断。”

此外，我们还注意到，当代郑和研究不仅作为一种文化现象而存在，还帮助我们深化对海洋时代到来的认识，提升国民的海权意识，维护国家安全，完成我们的强国之梦。

在回顾郑和下西洋史实时，很多人，都会好奇地想到，云南离大海很远，出生于高山盆地的郑和，怎么会被遴选为大明海军总兵官（总司令）的呢?

郑和虽是出生于远离大海的云贵高原，但云南回族精英们不远万里朝圣天方的经历，早已为这个民族的后代留下过江闯洋的见识。郑和生活在滇池边上，五百里滇池那波光粼粼的景象，早已唤醒了郑和知水识海的智慧和胆略。元明时代，昆明简直就是一个水路四通八达的水上之城。空阔无边的滇池诚如郭沫若先生说的是“滇池海样宽”，自成一片汪洋，决非一泓清水那样安详娴静。有亲历者言20世纪70年代船游过一次滇池，那是“围海造田”之前的滇池，海风很有卷动之力，波浪也有大模样，那海的威严、神韵实在叫丰足，至今难忘。生活在晋宁的郑和不是云南人常说的“旱鸭子”，就知水识水而言，他是高原盆地之民中的强俊。

据《敕封天后志》记载，永乐元年（1403），即在下西洋之前，郑和就曾奉旨出使暹罗、日本，经历过“风涛危险”“悬于呼吸”的海中险情的历练。又据《明史》记载，明代沿海地区，日本浪人勾结张士诚、方国珍这些反朝廷割据势力，频繁入侵骚扰，成为危及明初国家安全的一大盗寇之患。洪武十三年（1380）时任宰相胡惟庸里通日本，私下派出心腹请日本派人帮助他谋反。按说，朱元璋一直对日本礼遇有加，把日本列为“不征之国”（即不加讨伐之国），但日本国应对胡惟庸“谋逆”之案的表现却有以怨报德之嫌。日本国王，居然派出四百余人，以“入贡”的名义带着武器前来中国。后来，胡惟庸事败露，这起内外勾结的事端自然不会有什么好结果，但是可看出，当时中国与日本的关系已是十分复杂。顺便一提，对朱元璋处置胡惟庸，史家有“胡狱”之说，似有微词，但胡通日本，倒未见为之辩解之词。

明太祖朱元璋在位的洪武时代，日本国对明王朝谴责其国纵容支持盗寇为害中国的态度有所不满并有强硬之举，在两国商议解决纠纷时，日本国出语傲慢，对明朝使臣居然威胁说：“天朝有兴战之策，小邦亦有御敌之图”，大有要跟明王朝对着干到底的架势。到了明成祖朱棣称帝的永乐年间，为了“招抚诸番”，也即用外交途径解决两国间的争端，朱棣于“永乐甲申（二年）”，遣“中官（即宦官）郑和使日本”。其详情未见记载，但成果却很明显，经郑和的外交周旋，日本国一改强硬对抗的态度，谷应泰《明史纪事本末》中记载说是，日本国终于表示“归附”，并且把寇掠中国东南沿海歹徒“数十”“俘献京师”。这使得永乐皇帝十分满意，并在敕谕日本国王的国书中明确说出他对事件处理的结果的态度是“朕甚尔嘉”，虽是嘉许日本人，自然也包含对郑和出使的奖掖之意。

郑和出使暹罗、日本的说法，虽有台湾学者提出质疑，一家之言，应受尊重，但本书却依然采信郑和出使东洋的记载。这些史料，旁证了明成祖选用郑和为下西洋主帅绝非偶然：一是认为郑和诚如袁忠彻所言：“姿貌才智，内侍中无与比者”；二是认为郑和有过漂洋过海的经历并具备担当皇明使臣的外交才干，才最后下定了选贤任才的决心。云南学者李士厚先生曾做过推想道：“郑和前往日本，是统帅相当大的船队前往”，也就是说他下西洋之前已有指挥大规模海事活动的经验和能力。笔者赞同这一说法，郑和决非是从“奴隶到将军”的飞跃式人物。郑和统领下西洋舟师造访亚非各国，也决非浪得虚名的“正使”“总兵官”，而是有职有权，指挥若定的航海大材、统帅大材，备极尊崇。在外国人笔下，他在海外：“富埒王侯，服饰灿烂，当其登陆之时，卫士、奴仆、乐师如云”。而郑和船队的另一位统帅王景弘，也同样是一位海上伟人，云南著名郑和研究专家，久居晋宁的徐克明先生称其与郑和“同舟共济，共铸辉煌”。多有论者称或许郑和的光芒过于耀眼，遮盖了这位下西洋英雄的光芒，不少人对他认识不足。

王景弘是下西洋不可不述及的第二号领导人物。皇帝写诗高评，却又耐人寻味，不可得其详。

王景弘是福建漳平市人。当属中国造船、航海最为发达地区造就的航海家。王景弘在熟悉海洋性能方面，知识渊博；精通航海技术方面，更是才华非凡。此外，他和郑和同样是具有文武兼备，能率师出海的将帅人物。

正是因为他是郑和船队中的又一领军人物，明代著名小说家罗懋登在《三宝太监下西洋通俗演义》中，称赞他已是不吝笔墨，极备华丽之词，颂其才学广博，文武兼备：

好王爷，果然是：今代麒麟阁，何人第一功；开府当朝杰，论兵迈古风。青海无传箭，天山早挂弓，胡人愁逐北，苑马又从东，勋业青冥上，交情气概中。

明宣宗朱瞻基，专门写了一首《赠太监王景弘诗》，有如下诗句：

昔时将命尔最忠，大船摩拽冯夷宫。
驱役飞廉决鸿蒙，遍历岛屿凌巨谷。

此诗中对王景弘已有高评之词，继而又勉励王景弘

"命尔奉使继前功"，希望他再接再厉。

除了王景弘之外，下西洋副使中的侯显，也是一位航海统帅才俊，被张铁牛、高晓显两位专家称为是"明初著名的航海家和杰出的外交家"。《明史·侯显传》称"显有才辩，强力敢任，五使绝域，劳绩与和亚"，这就是说侯显的功劳仅次于郑和。

郑和舟师领导层中，还有两位重要成员太监杨庆、洪保也是云南人。杨庆还与郑和一样，担任过南京守备。洪保，位居郑和舟师领导层第三号人物。杨庆是云南楚雄姚安人，洪保是云南大理人。他们的事迹家世，可见诸几方碑刻，此外，巩珍《西洋番国志》，罗懋登《三宝太监下西洋通俗演义》中也有记述。洪保籍贯的认定，是2010年10月的事，南京祖堂山发现洪保墓，墓中碑文确记洪保为"世居云南大理之太和"。他们年岁和郑和大致相同，当属一同被明军当年从云南掠获的"秀童"。

2003年，英国船长加文·孟席斯在"第二届昆明郑和研究国际会议"上的主题演讲中，认为洪保是位大有建树的航海家，称他于"1421年""率中国船队""经过麦哲伦海峡和南美西海岸"，又称洪保"领导"而不是"由郑和率领"着一个只"船队环绕好望角后又行驶了40天后到达该岛（指佛得角群岛——著者）"。如加文先生的观点被证实，洪保可与西方人一争地理大发现成果，于云南而言，又有一位彩云之乡的子民因航海成果为国外关注，值得骄傲。

有了强将，还得有精兵。

郑和船队总计官兵27000多人，绝大多数都是明朝海军的班底，不仅人多势众，训练有素，而且具有人才方面的优势结构。

据《郑和家谱》记载，郑和船队的官员阵容如下：

> 钦差正使太监7员，副使监丞10员，少监10员，内监53员，都指挥2员，指挥93员，千户104员，百户103员，舍人2名，户部郎中1员，鸿胪寺序班2员，阴阳官1员，阴阳生4名，医官医士180员，旗校、勇士、力士、军力、余丁、民稍、买办、书手共26803名，以上共27411名。

我们剖析一下这些人的官职，太监官居正四品，少监官从四品。关于郑和的官品，我们求教过南京郑和后人，知名郑和研究专家郑自海，他认为应受明朝律例的限制，太监官品不会超过四品。但郑和的官品和职权似不对应，有史料表明他曾授过爵位，又是下西洋钦差总兵官，决不会只实有四品官的职权，官职可比当时独统一方的将相。又，明成祖使得太监权倾一时，其中最得力的，均受旨奉使海外。

上列名单中的舍人、郎中、鸿胪寺序班，位高者可官居四品、五品，虽然官品不是特别高但职务很是重要。如舍人，是实施“掌书制诰、诏书、敕命、册表、宝文、王牒、讲章、碑额、题奏、揭帖一应机密文书”的人，可以说是国家文件的操办者，朝廷的喉舌。

户部郎中是掌管下西洋官兵粮饷、钱物及各国进贡物品的官员，在郑和船队中起着“后勤部”执掌官的职能。

鸿胪寺序班，是负责“国家重大典礼、宴飨、经筵、册封、进历、进春、传制、奏捷”的官员，是郑和船队的专职外交官，专司与海外“诸番”外交礼仪之事。

郑和使用的医务人员，特别令人瞩目，名医不少，药物齐备。据考，郑和船队共有医生180名许，按出洋官兵计，每150名船员即配备一名医务人员。这无疑是15，16世纪世界航海史上最庞大的海上医疗体系。郑和船队的医官、医士，有的选自国家最高医疗机构——“太医院”，有的本身就是“御医”。有史记载的名医有太医院医生陈以诚，常熟县惠民药局医生匡愚，另有彭正、陈常等著名医道大家。郑和船队的医疗系统发挥出巨大的作用，使中国船员成功逃脱“航海病”的凶猛追杀，没有出现如西方航海船队中因传染病、坏血病、维生素缺乏、营养不良而大量减员的医难。同时，郑和船队的医生，又在和海外各国医学、药学的交流，药物的进出口方面，做出前所未有的独特贡献。这方面真是可大书特书，限于篇幅于此仅举一例：2004年，笔者在江苏太仓收集郑和史料，看到了“李时珍登陆处”，知是伟大的医药学家李时珍，慕名带着弟子专门前来考察郑和下西洋带回国内的药草，以备著《本草纲目》之用，足见，郑和下西洋促进中外医药交流影响不小。

郑和船队还设有教谕、通事，官居九品，他们均应有“训导行止”“辅佐学业”，以及“通晓外国语言文字”的能事，是船队不可或缺的大知识分子。没有他们，皇帝所谓“宣德化而柔远人”，便无从谈起，尤其是“通事”，是指外语人才，重要作用，不言而喻，没有他们进行语言沟通，晓知外国官民意欲也成为问题。

由于郑和船队是航海的专业船队，必不可少航海技术官员、技师。这些人中，职司各异，称谓各异：阴阳官生，官居从九品，专司观测海洋气象，预报海浪风云，亦不可或缺。火长，是最重要的技术职务。写过《西洋番国志》的巩珍认为，火长负责引航和指挥船舵的人，“事大责重”，选任他们是重中之重的大事。又有古书称，航海“唯凭针盘而行，乃火长掌之，毫厘不敢差误，盖一舟人命所系也”，足证火长是航队安全的保障人员。职务至少相当于主舵手，履行如今船长之职能。

郑和船队选用的火长，大都选自福建、广东、浙江这些临海大省的优秀水手，或许郑和舟师涉航印度洋、大西洋，因航域辽阔的原因，认为中国人对西洋的水情不熟悉，还选用了一批外国航海者为火长，称之为“番人火长”。我们至今找得到明王朝对“番人火长”奖赏的钱钞棉布数字额记载，说明，郑和船队技术人员的“国际化”是不争的事实。这些引进人才，解决了下西洋航行中的远洋技术问题，实在是高明的举措。足证郑和心胸开放，视野高旷，其用人之道，大可一观。

郑和船队的航海技术员中，还有舵工、班碇手（负责操锚），木舱、搭材等工匠，以及水手、民梢等人。

郑和船队人员配置中，录用一些宗教人员，也是极有创见性、先见性的明智之举。这些人员中，有伊斯兰教的执掌，有佛教中的大师，也有道教中的贤者。如跟随郑和下西洋的佛教人士，留下《非幻庵香火圣像记》，证明佛教人员确有人任郑和船队的护法大师，这篇记文也成为郑和殉职航海公干，死于印度卡利卡特的力证。

对于这些宗教人员的作用，我们不宜看得过于简单。试想一下郑和船队，日复一日，夜复一夜，除了巨浪，就是海礁，除了天风，就是海沫，上万二十郎当的年轻水手，精力饱满的男子汉，出惊入险，生死茫然，亲情姻情，何以慰藉？若无一定的理想、信念为支撑，船队的精神堡垒恐难坚固。在茫茫大海上，宗教文化的力量便可显现出来，支撑水手们劈波斩浪，履行远航重任，成为他们战胜困难的精神武器。这种宗教的力量，同时也具备心理疏导、心理治疗的作用。从这个意义上讲，郑和是最早在军队中导入心理治疗的将领（东南亚各国民众多称郑和为将军）。

郑和船队的主体，就是大明的海军。其中，有都指挥、指挥、千户、百户、总旗、小旗等军职都属于武官。都指挥、指挥，是京卫指挥使司的官员，若是指挥使，已是高官，官居正三品，指挥同知官居从三品。千户所，正千户，官居正五品，副千户，官居从五品。著名郑和研究专家郑一钧教授认为，郑和“船队的这些都指挥、指挥、千户、百户、总旗、小旗的军事职务，相当于现代军事建制的师团连班职务。现已考证出，郑和船队军士多从南京、直隶、天津、福建等诸多卫所抽调，还有的来自锦衣卫、羽林右卫，从水军右卫选调下西洋的亦多。将校亦从各卫军官中选用。”司马光汝先生在《郑和是明代杰出的海军统帅》一文中指出，下西洋官兵，总兵力，“相当于四个卫”。

总以上所述，郑和船队，人才济济，结构合理，细化一下，大致可分为如下几类：一是统帅指挥人才，二是航海专业技术人才，三是后勤保障人才，四是外交贸易及文化宣抚人才，五是护航自卫作战人才。

对郑和“舟师”，我们还可做如下评价，第一，来源正规；第二，素质甚高；第三，战力精锐；第四，富有文化。

对于这里的第四点——富有文化，或许只能说是一些上层官员或文职人员富有文化，但仅就此点而言，在遥远的15世纪，已经是非常可贵。跟随郑和下西洋的文化人，费信、马欢、巩珍等人，回到故土后，写出关于下西洋的书籍，这些亲历大海的文字记载，成为我们回眸郑和航海的珍贵史料。纵观历史，许多可称之为重大事件者，时过境迁，或湮灭于历史长河之中，或疏愰于不详不确之中，竟没有一篇或一部可资采信的文书，是否就因为经历那一历史事件的团队缺乏人才，没有如郑和船队这样招纳文化贤才？

## 郑和舟师是世界上最强大的海军舰队

我们前面写了郑和船队（明代称舟师）的人员结构。现在再来看郑和船队的船舰及兵器配置情况。

古代中国，有“工欲善其事，必先利其器”的见识，郑和舟师完成七次洲际航海，必然要面对巨大的困难，天灾人祸也无处不在，其险其难均时常超乎预计和想象。

作为只有在出差和旅游时认识大海的云南人，我们很好奇，郑和当年会碰到什么样的海上景象。于是，我们很卖力地查找史料资料，想了解大海汪洋对船队的挑战。前面提到了明成祖南京御制碑文中，有一段关于身处诡迷凶险的大海，明朝船队面临考验的文字，足以让人过目难忘。其实，绝不止中国人对大海有一种惊异敬畏之心，日本的一位航洋学家在他的著作《海洋科学》中，就使用了七个字“海洋的惊异时代”，认为这个时代大致在1492年前，因为那时，世界的航海水平有限，对大海的认识不够深透，多少会有些原始崇拜、迷茫恐惧的情绪。例如古代西方，认为航海是极为凶险的事，茫茫的远洋，有如一个无限深远的巨渊，人船最后会堕入其间，被神秘吞噬。人们至今耳熟能详的“百慕大”地区的恐怖传闻，与此同源。

明代中国民间，认为大海有“海眼”，认为那是大海布下的一个神秘的渊口，如魔鬼般瞪圆眼睛，旋转着眼水（海水）等你误入，吞没人船均没个商量。

这些看法，令人对大海无限敬畏，说得过于毛骨悚然，但大海海象的“自然状态”险境，也是真实存在的，可以说是千变万化，奥妙无穷。这些海洋危险，有的隐存在海底海槽，有的突现在港口附近，有的相逢在半途之中，或独自为患，或与海浪、涡流、海风、惊雷交织相推，危险更增一筹，足称惊心动魄。

随同郑和下西洋的费信笔下，也记载了一些关于海象的危险，如有的地方“水紧得不行”“中有沉礁”，有的地方则是“潮水长落，其海口浪大，船只常有沉没”，有的地方则是“遇风水不便，舟师失针舵损……落于溜水，渐无力而沉没”。可惜马欢、费信、巩珍文笔过于信重，不是那种生花妙笔的写手（对此，史论家也留下惋惜之叹），令我们读起来觉得粗略平直。

郑和航海的困难，如果说，明人笔下所记载，不那么具体，也不合乎当代语言表述方式，我们在这里引摘中国南极考察编队总指挥陈德鸿的文句，虽然陈总指挥经历的海区和郑和不是同一海区，但他所记载的“南大洋”风暴和对当代中国考察船“向阳红10号”的影响，却对我们理解600年前郑和船队如何面对海洋气象的侵扰很有参考价值：

> “向阳红 10 号”曾多次遇到风暴气旋，并遇到一个强烈的风暴，其风速每秒达三十四十米，风力 12 级以上，涌浪高达 12 米左右，怒涛巨浪猛烈的撞击，使船体严重地抖动震响，主机时而空转，舵效时而失灵，呼啸的狂涛把后甲板五吨吊车操纵台打翻，把船舷铁门打入海中，把舟结固定的缆绳打开，冲入海中 20 多米，情况紧急危险。

任何海区都有狂风恶浪。我们品味着这段文字，不妨带些遐想，穿越时空，去领略600年前，郑和们航海的艰辛。

中国水产联合总公司在20世纪80年代，选择了“最佳航线和航行季节”，他们“船队航行至台湾海峡及南中国海时，海面一直有6~8级偏北风、东北大风，浪高4~5米”。而航行至地中海时，“低气压带有6~8级大风，浪高3~5米，航行困难。”或许，这种海上气象状况，当是郑和船队的家常便饭。今人的航海设备很先进了，还直呼“困难”，明代的郑和们的境遇更是可想而知。

史料表明，明代的中国航海先贤，具有海事战略家的识见，没有低估航海的困难。首先，在造船上，作尽文章，下了大功夫。明成祖曾下令“福建都司造海船”，一次竟达137艘。有论者写文述及：“永乐三年至永乐十七年就令福建等十几个省、府改造海船478艘”，这个不小的舰船数量，也保证了有优良的海船可征用。明宣宗也重视建造下西洋的海船。有次见船造得好，还在诏书中表扬说："果然造得平稳轻妙"，只是诏书稚气十足而已。

据史料记载，郑和下西洋，辅助船只多达200艘，主要船只一般应有63艘。这63艘船只，又称为宝船，宝船有多种型号。最大号宝船，又叫帅船。罗懋登称"有9道桅，能张12帆""长44丈4尺，宽18丈"。有研究者认为，此号宝船应有3艘。若以"沙船型"计算，合现代尺寸规格为，长150.5米，宽61.6米，排水量为25627吨，惜"沙船"长宽比值与史载不符。但著名专家陈延杭认为，郑和宝船，以"福船型"计算长125.65米，宽50.94米，排水量为14800吨，载重量7000吨是"符合当时实际的"，郑和宝船肯定是"福船型"。

宝船材料精良，龙骨用松木，船壳用杉木，浸于海中的船底用樟木，都是既坚固又耐浸泡的上好材料。专家们还认为郑和下西洋的船只，设计合理，受力强度具有安全性，耐得海浪长年冲撞击打。设计独特，为世界造船史上异花妙开的事是："郑和宝船全船有60多个横隔舱，纵向每隔1.5~2米有纵向隔舱，以形成蜂房式空间船体。"这样，郑和宝船就具有"最高强度与刚度"，说通俗一点，起码这船就不会在海滩中一损皆损，一漏皆漏，可堪一击、两击、三击……船体一处进了水，也不至于顷刻沉没。

郑和宝船工艺独特，如捻缝工艺堪称绝妙，材料用的是麻丝、竹茹、桐油、砺壳灰。封塞船体的缝隙，防渗、耐水，密闭且长久，“增强船体总强度”，又使细部不受海水渗蚀，是保证船行海上得以安全的制作细节（俗话说：关键在细节）。

此外，还要提及郑和船队的船帆，一般认为明代的船帆由篾、蓆、布做成“硬帆”，略有破损也不影响总体推进力，且因设有机关，张扬收束便捷。采用多桅，使得操作方便。桅杆为杉木，比其他木质软韧，采用了“反向微弯曲的方法”“使风帆吃力后自动校直”。这样，郑和碑文中写的“云帆高张”就有了物质技术方面的底气。郑和所乘坐的宝船常被许多学者喜爱加个“大号”头衔，它们十分“帅”气，追求皇明气派，显示大明王朝风范，表明设计者制造者气象高旷，强势宣示了当时处于盛世的明王朝的自信胸襟。巩珍书中说它们是“体势巍然巨与无敌，篷帆锚舵二三百人莫能动”。有说宝船可坐3000人者，有说可坐1000人者，其大者上下8层，这与意大利人艾利略记载于明熹宗天启三年（1623）的景象大致相符。兹将有关记载转述于下：

“最后一层”，500多吨沙石压载，以保证宝船“不倾侧震荡”，这显然是安全措施。

“二层、三层”，装的主要是食品以及淡水。此层各长80米，宽36米，高2米。一天1000人正常用水大致不少于2吨，一年用水则为730吨左右。有专家认为，郑和船队在实践中掌握了水

> 的保鲜技术，也属了不起之事，惜无法考证具体细节。不过我们知道，流水才不腐，吃“腐水”一定会生病。郑和船队不因为“腐水”致病，船员减员少，已是事实。
>
> “其上近地平板一层”，则为“装细软、切用等物”，或居“中下人”，包括士兵及下级官员。
>
> “甲板为一层”，供作“扬帆、习武、游戏、作剧之地”，甲板上必然装有火炮，操帆绞盘等。
>
> “宝船前舱一层”，有上百位航海的专业技术人员：班碇手、铁锚工、水手、民稍等居留。
>
> “船后舵楼四层”，甲板层为舵房。医官、医士也住此舵楼，药材也放置于此。舵楼二层为官厅，下西洋正使郑、王二人居此。另设有颁诏书、接待外国使团、高层议事、做礼拜场等场所。舵楼三层设有神堂。

以上文字，讲述了下西洋当时郑和船队人员乘坐宝船的情景，这段文字可见诸由“郑和下西洋600周年纪念活动筹备领导小组、中华人民共和国文化部、中国国家博物馆”编印的《云帆万里照重洋》一书。该书也注录了郑和船队宝船情况：

> 大号宝船 3 艘，载人 3000；中号宝船 40 艘之座船、马船、粮水船 40 艘，载人 22000 人；中

号宝船之战船20艘，载人2000人。合计则63艘宝船，载人27000余人。

《云帆万里照重洋》一书的记载，似参考了多种记载，而不属于独家之言。这里要提到的是，对于大号宝船的争议，自1947年，台湾学者管劲丞对《明史》记载的宝船“长44丈，宽18丈”提出质疑后，争论一直不断，焦点在长宽尺度及长宽比例等上面。中国大陆的研究者以中国工程院院士杨槱为代表的一方认为“历史上并没有出现过44丈长，18丈宽的中国木船”。反对管、杨二位这一说法的学者不少，也是学识决非等闲，文章写了一篇又一篇，论述得有据有理。但双方，似乎都可以接受的观点是宝船的确很大。笔者认为，这就够了，因为具体尺寸，那是工程学、历史学，应该查清的问题。但作为文学，或者说我们应命而为之的“文化散文”，更为注重的是，郑和的船要是小了，就去不了西洋也回不了中国，这也就足够了。那么，我们的小书就暂时不参与这场争论，更多地去关注郑和宝船以“巨无霸”的身姿，劈风斩浪的下西洋中的人文历史。

还要提到的，当代的中国人实在是对郑和宝船充满尽早一睹风采的“追星情怀”，有许多豪杰之士推动宝船的复原仿造工程。如海军原装备部部长郑明将军，就是中坚人物之一。相关仿造复原宝船组织已出炉了《课题项目》，计有5大项，均很诱人，比如“宝船（指复原件），内没有官厅、后堂、穿堂、宝物贡品司库等公物用厅等，正使太监书房、内室、公廨、敕书堂、议事厅等工作生活用舱室，神堂、针房等专用舱室。”又如，仿制课题考虑了：“宝船上是否有圈养牲畜和禽类的舱室？”“宝船上是否有栽种蔬菜或制作豆芽等豆类制品的舱室？”这个课题也考虑了宝船上已产生的“盥洗”问题，因为上万人的排泄污染自然回避不得，小看不得。如是说来，这仿制的宝船会把我们的冥想具体化。大约，有很多人等着领略再造宝船的风采，寻思着花一把银子，去宝船上旅游，也当一回“正使太监”……

郑和船队，除了大号宝船之外，尚有其他也称为宝船的主力舰船及辅佐船只，它们可称为“大二型宝船”“大三型宝船”。我们参考了郑一钧、席龙飞、陈延杭、杨秋平先生及孙光圻、张晶晶、张孟陶先生的著述，对“郑和舟师中”大号宝船以外的船只做些介绍。

马船（或称马快船）。这种船只属中型宝船，“长三十七丈，宽十五丈，有八桅”，是船队的主要船只。其功能是“专司供运官物”以“备水军进征之用”，也可视之为运输船只。马船的得名，与运马有些关系，也与云南有些许关联。古代，认为云南产名马。明朝之初，经常从云南以及其他产好马之边远省份购进马匹，或接运番夷“贡马”，用船运至明都，所使用过的运输船即被称之为马船。郑和下西洋时采购或是有诸多国家进贡的长颈鹿、大西马、狮子、金钱豹、骆驼、鸵鸟一类动物，均由这些运载力强大、宽阔，宜于动物生存的马船运回。

战坐船（古书中“坐”亦作“座”）。这是运载郑和下西洋人员最大群体的坐船，是名副其实的海上营寨，洋上军衙。

战船。长18丈，宽6丈8尺，有桅。有人认为这是一种用于护航作战、打击海盗袭击的舰船。

明代嘉靖年间沈启《南船记》一书中记载战船（也包括战坐船）文字颇富文采，写出战船雄伟风貌：

> 要其伟式，迨楼船之轨范吗！去楼船之为器也，大而雄，坚而利，用之驱浪乘飙，正如沧溟鲸运波涛，驾旋转之威，霄汉鹏搏风云，鼓扶摇之势，有不战而夺人之心者矣。

另见《明史·卷90·兵志》中的记载称“福船型”战船有如下文字：

> 能容百人，底尖上阔，首昂尾高。舵楼三重，帆桅二，傍护以板，上设女墙及炮床，中为四层，最下实以土石，次寝息所，次左右六门中置水柜，扬帆炊爨皆在是。最上如露台，穴梯而登，傍记翼板，可凭以战，矢石火器皆俯发，可顺风行。

以上两段古代文献中摘取的文字，帮助我们认知了明代战船的规模形制、功能、设置、设施，我们颇为感叹，中国明代的战船制造，竟如此不俗，给明代国防提供了有力的保障，如果这些海防、海事方面的智慧，延续下来，提升上去，该是多么令人神往的事！

粮船（水船）。这种船，“长28丈，阔12丈”，专门运粮装水。史书记载，郑和舟师出洋前，一般按惯例储存一年左右的粮食。郑和船队每人每天以一斤半（古秤16两为一斤）的用粮标准做个粗略估计，每年耗粮近千万斤粮食，约合150000石左右。另外，郑一钧先生计算出郑和船队一年饮用水消耗达“二万吨之巨”。因此，郑和船队储粮运水的后勤保障任务繁重，装粮食的船约在15艘左右，装淡水的船当在20艘左右，方可胜任供给运力。

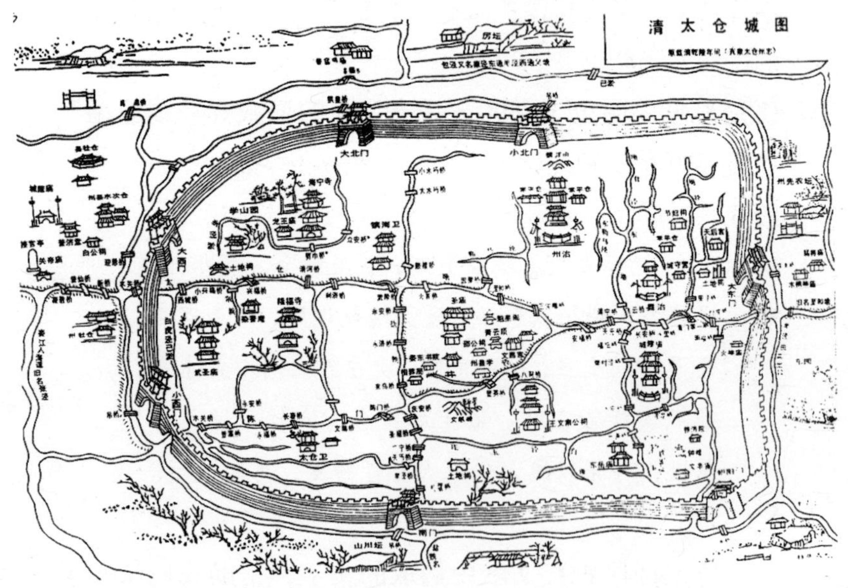


太仓在明代为郑和下西洋的起锚之地，临南京，频东海，为海事要冲。清代升格为直隶州首府，图为清人绘制的太仓图。

郑和船队配备水船，史家认为，这是郑和的一项首创举措，史家遍考古代中外船队航海，似不闻专门配备水船。当代的舰船航海打仗，配备专用水船恐是天方夜谭，但在郑和时代配备专门的水船，似是为了方便掌控管理，更是为了保障供水，虽觉怪异，但怪出一种皇明范儿来。

郑和下西洋船队，为了执行“宁静海道”，打击海盗的任务及自卫需要，船载兵器具有先进性、多样性的特点，足以有效打击敢犯之敌。

明代中国的陆上兵器及船艘兵器，较宋元时代有了较大发展，我们常言的冷兵器和热兵器（热兵器为与火药有关的兵器）装备了军队。总体而言，明代的兵器在世界上不算落后，领先世界的综合国力支撑了强大的国防。强大的国防，又依托于具有战力的兵器。于此，我们借助各位研究者出书著文的资料，把明代的冷热兵器做些介绍。

冷兵器。我们在古代文学作品中常见的所谓“十八般武艺”即指冷兵器，此说较早，可见诸南宋华岳编著的兵书之中。明代万历年间，与云南有渊源的文化名人谢肇淛在其著作中列解十八般武艺为：

> 一弓、二弩、三枪、四刀、五剑、六矛、七盾、八斧、九钺、十戟、十一鞭、十二锏、十三挝、十四殳、十五叉、十六耙斗、十七绵绳套索、十八白打（注：原文如此）。

清人把九种长兵器九种短兵器列为十八般武艺，分别是：枪、戟、棍、钺、叉、镗、钩、槊、环，刀、剑、拐、斧、鞭、锏、锤、棒、杵。逗号以前者，称为兵器“九长”；逗号以后者，称为兵器“九短”。自然，十八般武艺的说法也不仅限以上罗列，另有多种说法于此不述。但“十八般武艺”只和冷兵器有关。这些冷兵器，大致可分为长兵器、短兵器、软兵器三种形式。

热兵器。南宋时代，我们即可看到“火炮药造”的“长竹竿火枪”的记载，有论者认为这是世界管型射击火器之始。我们在拜读了徐惠德、倪鹤鸣、范汉江三位先生的大作《明代兵器及古船兵器初探》一文，受益匪浅，了解到，南宋还制造出“突火炮”及“管型喷射火器”，当可视之为是“长竹竿火枪”的派生兵器。元代，有一种叫“梨花枪”的管形火器发展为“火铳及喷筒”。明代，世界上最早的金属型火器——火铳在洪武年间问世并装备于船舰之上。明代的热兵器有两类：一是用手持点放的火铳和乌铳，射程十步至二百步。二是座架安装发射的火炮，射程一般在数百步至二三里，炮筒内装填石头、铅块、铁砣等物，俗称“实心弹”。也有在炮筒内装填爆炸性球丸，杀伤力较“实心弹”强大。明代，有记载这种火炮安装在战船上，在郑成功收复台湾时轰击过荷兰人，大约，令荷兰侵略者很头疼，很受伤，很受死。

有论者称，郑和下西洋时，船上火器数量为朱元璋时代的1.5倍。明王朝神机营的火器“单眼铳”“手把铳”“盏口炮”“碗口炮”“将军炮”“单飞神火箭”等热兵器，可能均装备于船上。

我们在拜读了唐志拔先生的大作《试论郑和船队装备的兵器》一文，对郑和舟师的兵器装备有了进一步的了解。唐志拔先生认为，郑和船队可能装载的武器是：

——冷兵器：弓、弩、标枪、砍刀、钩镰、灰罐、撩钩，犁头镖、小镖各10~50把，头盔、藤牌每兵一副。

——燃烧性火器：火球、火蒺藜、火药枪、火枪、铁嘴火鹞、烟球等各约10~100个。

——爆炸性火器：铁火炮、神机石榴炮等约50~100个。

——金属管型火器：长630~1000毫米，口径210~230毫米，重70~120千克的铜制或铁制铳炮1~4座。长316~520毫米，口径75~119毫米，重8.35~26.5千克的铜制或铁制中型铳炮2~8座。长230~440毫米，口径14~23毫米，重1.55~2.5千克的铜手铳约10~20把。

同样的观点，也见诸徐惠德、倪鹤鸣、范汉江先生的文章《明代兵器及古船兵器初探》，但不知哪位先生研究在先。从文章发表的时间看，唐先生著文约在1996年前后。

明代文学家罗懋登的《三宝太监下西洋通俗演义》记载的郑和船队的武器有20多种，数量很大，有的又十分先进，如大发贡10门、大佛朗机40座、鸟嘴铳100把……专家唐志拔先生提出质疑，认为有失实处，因为“佛朗机”是葡萄牙人发明的先进炮火，大约在1522年输入中

郑和殉职地印度卡利卡特，民风淳厚，有“敬牛”的风俗（云南赵志华绘）。

国，1523年开始仿造的。大发贡虽系中国所产，但时间于1523年后。与郑和下西洋的时间段1405~1433年不相符合，晚了100多年。笔者也赞同唐先生之说，因为，凡事也不能一味完全说好，说好也不要过度。但怎么说，郑和水师兵器是够水平、够精良、够有威力的，已可使用国人最喜欢的词——“世界先进行列”形容，这是不争的事实。有军事专家认为，在15世纪中期，西方海上强国是威尼斯，该国帆船上的主要兵器是弓箭，而明朝下西洋舟师则以黄铜、钢铁制成的热兵器火炮、火箭为主要武器，已胜一筹。郑和舟师配备的火炮、火箭中的佼佼者，一是“飞天喷筒”，二是“赛星飞”，类似如今的水雷。

写完了以上的句子，我们记起了因写《中国科学技术史》而闻名于世的李约瑟博士在此书中对明代中国海军的描述：

> 明代（中国）海军在历史上，可能比任何亚洲国家都出色，甚至同时代的欧洲国家，以致所有

欧洲国家联合起来，可以说都无法与明代海军匹敌。

加文·孟席斯先生2002年12月9日在“第二届昆明郑和研究国际会议”上的演讲中，说道：

> 永乐帝在位时，明朝海军共有3800艘船只（包括1350艘巡逻船和1350艘战船），驻扎在防守站或海岛基地。由400艘大型战船组成的舰队驻扎在南京附近的新江口，还有400艘运粮船只。此外，还有250多艘长途宝船，每艘船上人员配备也不少，1402年是450人，1431年增加至690人，最大的船上肯定超过1000人。

这段引文由马理先生根据录音翻译，发表于《回族研究》上，可视为是“所有欧洲国家联合起来，可以说都无法与明代（中国）海军匹敌”的注解。

于此，我们还要简述关于世界其他著名航海家的相关资料。多位中国学者著文称：西班牙人哥伦布于1492年率领航海船队横渡大西洋到达美洲，共有3艘船只，分别是60吨、90吨、1300吨的吨位，共有人员88人。葡萄牙人达伽马船队于1497年，经非洲南端到达印度，其旗舰120吨，全长25米，舰只共4艘（其中一艘吨位为50吨），人员170人（亦有说为160人者）。西班牙人麦哲伦于1519~1522年完成世界上第一次环球航行，船只5艘，吨

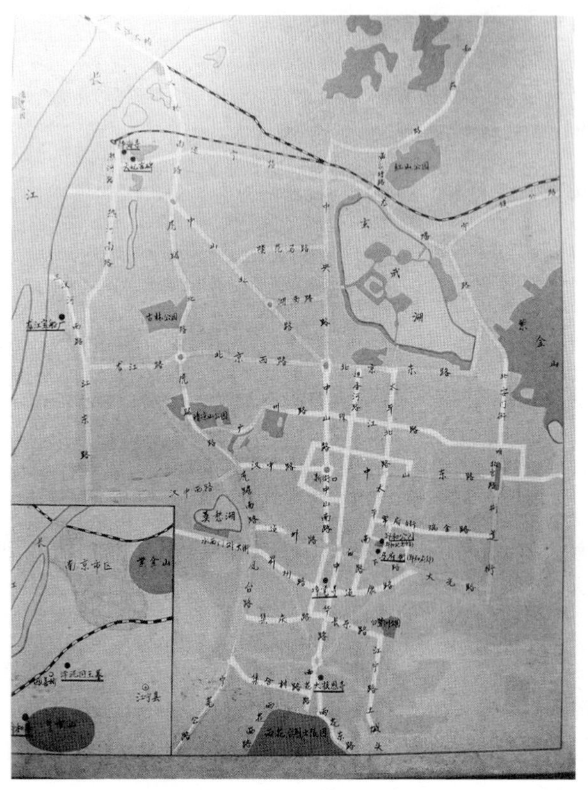


南京郑和遗址分布图

位分别是120吨、110吨、90吨、85吨、75吨，共有265名水手。以上3人在航海时间上分别比郑和晚87年、92年、114年。从这些资料看，西方航海者的船舰数量吨位规模，人员配置均无法和郑和舟师相比。十分有趣的是，加文·孟席斯先生在昆明的这次演讲中，转述了葡萄牙大航海家达伽马自己留下的“记录”，称：

> 达伽马最早到达印度的古里，他抵达后得知，一支拥有 800 艘船的中国船队，早在 70 年前就到达过这个地方。达伽马继续记述道，船队里人数众多，船队本身的人口比中印之间任何一个城市多得多，也比印度的任何城市的人口还要多，事实上，它本身就是一个流动的国家。

达伽马的这一记录，于我们而言，是第一次“耳闻”，看得出来，这位郑和的航海同行，对中国船队庞大如一个“流动的国家”，流露出西方人慨叹不如的意思。倒是有国人，在近代百年，论及世界航海，反而自叹不如西方，如从航海规模视之，则大错大谬了。

此外，我们还要着重提到的是：郑和船队虽然拥有强大的航海实力、军事实力，却以睦邻友好为使命，没在任何国家留下驻兵，也没有掠占任何国家一寸土地，“非不能也，是不为也”，这在世界上大约只有中国人能如此“文明礼貌”。其他西方国家的航海家则是毫不客气地办事，该掠夺，就出手一把，想杀人，就不怕会晕血，这绝不是什么抹黑之说。如詹姆斯·W.洛温在他的著作《老师并不讲真话》中，历数了西班牙人哥伦布种种罪行（下面一段文字系转引，顺此对原引者表示感谢）：

> 西班牙人猎取印第安人作乐，杀死他们做狗粮。（哥伦布）的士兵们射倒了几十个人，放出

> 狗扯开他们的四肢和躯干，把逃散的印第安人追到灌木丛中，再用剑和长枪刺他们……
>
> 当哥伦布和他的同伴们1493年返回海地时，他们要求粮食、黄金、棉纱——他们想要印第安人所有的一切，包括他们的女人。

葡萄牙人也好不到哪里去。芦苇先生在《郑和下西洋于东南亚贸易圈》一文中指出的葡萄牙人“攻占了马六甲，不仅摧毁了昔日这个无比繁华的港口城市，同时也破坏了整个东南亚地区的经济发展”。葡萄牙人攻占中国澳门并霸占许久，为当代中国人记忆犹新。这些便是例证。

## 郑和构建远航组群结构

回瞻郑和下西洋，我们不得不佩服郑和统帅远洋船队的才干非凡。首先郑和下西洋的航程是循序渐进的，并在下西洋过程中构建了远航的组群结构（此节或参考或引用了郑一钧先生及其他学者的研究成果，顺此表示感谢）。

“组群结构”一词，见诸郑一钧教授的研究文章之中。这里所谓“组群结构”，系指“航海港口”结构，这亦可视之为“航海基地”依托结构。它涉及郑和船队的船只维修、人员修整、后勤补给、商贸交易以及政治、外交、军事使命的完成，具有战略层面的意义，又具有战术、技术层面的意义。航海功能不同，相互关联，相互补充，支撑了郑和船队28年的洲际航海，因为它们先是合理地建立在亚洲的适宜地区，后来又因远航范围扩大，合理地建立在印度洋地区。郑和下西洋第一、二、三次都主要是在太平洋海域活动，第四、五、六、七次才把活动范围扩大至更远的印度洋及非洲地区。

应该说大规模下西洋，是明代中国人的一个新课题。明代初年，由于朱元璋禁海很严，“片板不得下海”，航海活动几乎停止。这时，中国人心目中的西洋很陌生、很遥远。何谓东洋西洋，刘迎胜先生专门写了一篇《东洋与西洋的由来》的论说文章，认为“不同的时代东洋与西洋的含义也不一样”，但自唐末以来，简单地说，从中国南海西走，便是下西洋。往东走，便是下东洋，即到吕宋、苏禄一带。西洋的说法最早见之于中国历史上的五代。明人张燮认为文莱为“东洋尽处，西洋所自起也”。

宋·元朝以来，中国船只航海，开辟了海上丝绸之路，这丝绸之路的海上通道，其实就是下西洋之道。

明成祖派郑和下西洋，是事实上的重启海上丝绸之路，但与历史上的航行相比，更显伟大壮阔。比如动用船只的规模，超过历史上所有的朝代，“每次动用远洋船舶一百余艘（最多一次达208艘）”，总航程有论者认为达30余万里，造访国家和地区达30余个，这就需要构建一个规模庞大，功能齐全，适应性广的长期、远程航行依托支撑组群结构，这种组群结构，就是航海基地组群。这些基地组群，国内有之，海外有之。

——南京港。在明成祖时代，郑和四下西洋之前，南京还是明王朝的首都，可以视之为郑和下西洋的策源地。随着明成祖（又称“文皇帝”）下西洋诏书颁布天下，下西洋的诸多宝船（也即只是一部分），就在这虎踞龙盘之地的“宝船厂”制造出来。茅元仪《武备志》记载，郑和船队自“宝船厂”开船，从龙江关出水，直抵海外诸番。其次，由于南京是明初的政治、经济、军事的中心，郑和下西洋的许多准备工作，均须因朝廷的统一调度指挥得以顺利完成。如永乐九年（1411），明成祖为支持郑和向更远的地区航行，命浙江湖广江西等省各府卫，分别“造船48艘”“海运船130艘”，又“造海风船”两批，分别为61艘，63艘。又如，我们曾看到皇帝下诏准许郑和船队支取下西洋所需钱钞、实物（如纻丝、瓷器、铁锅、军火器、纸札、油烛、柴炭、例酒等）的记载，不仅成祖时代有，宣宗时代也有。如宣宗时代就曾下诏“敕太监郑和”“仍于南京天财库支钞十万贯下番之费”。总之，没有如南京这样的下西洋出发地港口，没有如南京这样的明都政治号召力、经济支持力，下西洋从何谈起？

——刘家港。这是被称为“六国码头”“天下第一码头”的长江港口。位于江苏东南沿海的太仓市。郑和船队在太仓延揽人才，因为这里航海人才辈出，下西洋的名人中，有翻译费信、武官周闻、医官匡愚均选拔于太仓。太仓处于江南鱼米之乡，不少下西洋物资由此征集。有专家誉称，江苏太仓是郑和下西洋的“起锚之地”。

——太平港。前面已有述及，于此不多作陈说，位于福建长乐市马江的出海口，是郑和下西洋“伺风开洋”的最重要的基地。

郑和下西洋在海外的基地也颇完善。

——占城。位于越南南部平定一带，“居南海中”“自福州西南行十昼夜可至”，是郑和下西洋到达的海外第一站。郑和在占城聘请了华裔商贸人才，构建了经贸专业团队，又整治了安南黎氏集团给占城造成的动乱，把占城建成其在东南亚的大本营。这是因为，从占城国都即现今的新洲港，可进至越南南部的灵山、昆仑山，折向西北，可至真腊和暹罗，向南则通爪哇、苏门答腊，也属四通八达，辐射甚广的枢纽之地。郑和十分重视与占城的友好交往，七下西洋期间，占城派使臣到访中国21次，双方关系不可谓不密切。

——马六甲(满剌加)。马六甲今属马来西亚。史称其在占城之南，顺风十日可至。马六甲海峡的海上战略地位极其重要，它位于印度洋与南中国海之间，是国际海路出入印度洋、太平洋的咽喉之所在，也是郑和船队候风转航的海上交通基地。李士厚先生在《郑和新传》中统计郑和“七下西洋，六访满剌加（马六甲）”，由于中国舟

古里是郑和时代的“西洋大国”，大明舟师的重要贸易伙伴（云南赵志华绘）

师的到来，马六甲由一个海盗出没的荒凉渔村，逐渐繁荣起来。在学者郑闰笔下，“马六甲港帆樯林立，商旅鼎盛，在最繁华时期，马六甲流行着84种语言”，足见国际交流之盛。

据亲历郑和下西洋的马欢所著《瀛涯胜览》记述，郑和船队在马六甲设立装载转运物资的“小城”。这个小城又被当地俗称“官场”。如今，这个“官场”遗址尚在，由“国际郑和学会”会长，著名郑和研究专家，新加坡陈达生博士辟为郑和文化馆，成为海外保存得最好的郑和遗址，足称一方胜景。笔者亲临造访，对陈达生博士的豪举，不胜倾慕之至。

《瀛涯胜览》记载“官场”十分详尽：

> 凡中国宝船到彼，则立排栅，如城墙，设四门更鼓楼。夜则提铃巡警，内又立重栅，如小城，盖造库藏仓廒，一应钱粮屯在其内。去各国船只回到此处取齐，打整番货，装载船内等候南风正顺，于五月中旬开洋回还。

马六甲在郑和时代，是亚太地区最重要的国际商务港口、贸易中心，而在当今，仍然是世界上极为重要的出洋过海通道，更是中国穿越大洋的一大必经之地。据苗振清、唐洪森记述，在马六甲海峡“每通过5艘船只，即有3艘悬挂着中国国旗”，马六甲海事长盛不衰。

——古里。古代印度的重要港口地区，即今印度半岛西南端的卡利卡特。在明人眼中，古里是“西洋大国”“西洋诸番之会”，是郑和第一、第二、第三次下西洋的终点，也是郑和从第四次下西洋起，向西北航向转进的基地，由此启程，穿越阿拉伯海，进入波斯湾，到达忽鲁谟斯、阿曼等国家以及更远的地区。

郑和船队到底在古里设置了怎样的基地设施？详细情况史书失载，但大明王朝在古里地区的商贸交往情况的文字材料却很详细。在马欢笔下，郑和十分信任古里当地的“大头目”“其二大头目，受中国朝廷升赏，若宝船到彼，全凭二人为主买卖”，这基本上是大明舟师与古里国的国家级商务代理活动。此外，我们还看到郑和船队与古里的贸易交往水平较高，商务往来，已有“签订合同”之事，贸易结算十分诚信，一旦定夺下来“或贵或贱，再不悔改”。又如，结算时，价值标准要么是某种货物，要么是货币购买（以金银为支付手段）。

郑和船队和印度的交往自然不仅古里一地，尚有同样属于印度的柯枝及小国加异勒、甘巴里等。根据英国经济学家麦迪逊估计，“郑和下西洋时期，中印两国的经济贸易就占了全世界生产毛额一半以上”，如此语确实，古代中印两国真是世界经济贸易的强劲推手。

——忽鲁谟斯。这是西洋又一名邦，地处霍尔木斯海峡北部，战略地位极其突出，今属伊朗。因其南濒临波斯湾和阿曼湾交汇处，由陆上越过伊拉克、叙利亚达地中海，由海道通阿拉伯，进入红海，为中世纪时著名的国际贸易中心，也是郑和时代西太平洋、印度洋上的重要航海贸易港口，被称作为联通亚、欧、非三大洲的交通孔道。

郑和下西洋的头三次，航至多国，但均为“西洋近国”，也即到达印度西岸的古里便不再前行，“公干”结束，即调转船头返回，明成祖认为“远者犹未宾服”，显然是在指示郑和船队第四次下西洋，应航行得更远，结交更多的友邦。对此，郑和在出航前，做了充分的准备。如于永乐十一年（1413）四月“道出陕西”寻访通晓阿拉伯语的人员并顺此寻觅先祖咸阳王的踪迹。之后，又向皇上奏请给假，适度休整。永乐九年（1411）十一月，他返回阔别30余年的家乡云南昆阳州（今晋宁），看望了兄嫂及其他亲戚，拜扫追荐了父亲马哈只的坟墓。

对于郑和“道出陕西”和返乡云南两件事，已有细心的论者开始去探究其中的原奥。比如，郑和的后裔郑自海先生，认为郑和“道出陕西”最重要的原因是认祖归宗，认祖为何？即咸阳王。这足以为反对咸阳王是郑和六世祖的人提供一条反向的证据。另外的论者则把郑和的云南之行说成是受皇命遣派到云南找建文帝的，并由此衍生出许多关于寻建文帝的传说，这恐怕是《明史·郑和传》观点的翻版。我们写下此段的用意很明显，研究郑和，不仅在出海，方方面面均有可为，未解之谜，实在太多。

永乐十年（1412）十月丙申（十五日）郑和舟师第四次下西洋，取道波斯湾，完成了对忽鲁谟斯的造访，并以此为中继站，把海程跨出印度洋，到达阿拉伯及东非各国。应该说郑和在忽鲁谟斯建立航海据点，是七下西洋中最重大的阶段性成果。诚如意大利艾儒略在《职外方纪》中所言（此处系转引）：

> 凡亚细亚、欧罗巴、利未亚（即非洲）之富商大贾，多聚此地，百货骈集，人烟辐辏。凡海内极珍奇难致之物，往辄取之如寄。土人常言，天下若一戒指，此地则戒指中宝物也。

这句话意思是说亚洲、欧洲、非洲的商人都会到这里来，这里是世界商务的宝顶之地。要从地理大发现的角度讲，这在明代对世界地理的认知水平而言，到达忽鲁谟斯及以远的地区，这是一次伟大的跨越，算是到达“去中国绝远”的“际天际地”。

至此，郑和下西洋的船队，构建了结构合理，张力强大的航海基地，郑一钧先生幽默地称之为“接力串”，即占城、马六甲（还应加苏门答腊）、古里、忽鲁谟斯，为郑和世界大航海的海外几大联结点，它们成为东南亚、南亚、西太平洋、印度洋及非洲东部的商贸港口的纽带。

# 文化遗产芳百代

马汉在西方，名盛一时。1890年他提出海权论，强盛了西方。当代，蒋介石先生在台湾出过他的书。中国大陆鲜知马汉。

其实，郑和践行的是另一种海权论。比马汉的海权论更具有久远价值和人类共同遵从的价值。马汉提倡征服，郑和强调和平。

郑和下西洋，最伟大、万古不灭的是文化价值。我们还要着重提到的是，郑和不是思想家，他却能激发和验证一种现代国家必须有的观念——开放。郑和不是理论家，他却以不可置之不闻的理论气势，引导我们要认真思考海权，提醒我们“危险来自海上”。

研究郑和，其实是一轮海洋文明（又称蓝色文明）的启蒙教育。说是启蒙，准确极了。近六百年来蓝色文明之光天天想照耀我们，很长时间，我们却怯生生地躲开了。

## 航海技术领先世界

我们考察郑和下西洋，仿佛走进一座九曲百折的历史迷宫，其阵势之浩大，内容之丰富，真是让人目不暇接，而让人觉得最为炫目的，就是这次大航海的文化光彩。

很多论者已阐述过，郑和下西洋的成果是多方面的，而昭示历史并长存于天地的精华，却结晶于文化领域之内。郑和下西洋之路，其实就是一条洲际之间的文化交流之路。郑和舟师在这方面的成功、辉煌，远远超过其他方面，给中国、给世界以一大笔留芳百代的遗产，如果按明清文人的说法，郑和下西洋——“亦为明初盛事”，这真是轻描淡写的评价，让人觉得这位参与撰修《明史》的人多少有点不怀好意，照他的文辞去认知郑和“盛事”，不过鲜亮于明初一时而已。不过，在运用比较的方法研究它时，我们不得不承认：郑和下西洋对世界历史进程的推动，远远不能与西方航海的后果相比。西方航海，导致人们常说的地理大发现“迎接了一个崭新的海洋时代”的到来，使西方国家攀上一个新的社会文明阶梯，快速强盛起来。而郑和航海，声势规模，虽然壮伟得无与伦比，历时达28年，却戛然而止，声息踪影，消失于历史的烟波之中，明朝重回禁海时代。郑和下西洋对历史进程影响的局限性，也就凸现出来了。大明王朝制度层面的先天不足，思想层面上的缺陷，制约了郑和大航海的历史功能，使得它如后世的论者所批评的那样，虽有劈波斩浪于始，却无改天换地于后，没有让大明王朝借助航海，得到一次社会嬗变飞跃发展的机会。但这一话题，却不是我们本章的主题。下面，我们将从郑和时代的航海科学技术，睦邻友好外交格局下及伴随文化传播，海上丝绸之路的新时代，海洋文化的启蒙及海权意识的觉醒四个方面，去领略郑和打造的辉煌的文化大世界。

我们先说郑和时代的航海科学技术。郑和时代航海科学技术，承继了汉唐宋元的成果，更因为有了当时明王朝国力雄强的支撑而处于世界的领先地位，尤其在远洋船只、天文导航、地文导航、下西洋航图等方面呈现出来。首先，明朝的造船业，给郑和下西洋装备了最好的船只——“巨舶”（郑和碑刻语）。应该说这是航海的基础。明初的中国，造船业与下西洋有互动之势，有巨大的需求，必然有可与之匹配的规模和先进的研发、制造技术及行业。郑和下西洋，拥有世界上最先进，规模最庞大，数量最巨大的远洋船队，有其必然性。这些，论者已多，于此不述。其次，天文导航技术给郑和船队装上了眼睛。天文导航技术，与航海事业相伴相生，有航海之日，便应有此番技术。东晋高僧法显，也是一位航海先驱，他曾说过：“大海弥漫无边，不识东西，唯望日、月、星宿而进。”（转引自郑一钧先生文章）（ ）（ ）（ ）（ ）这日、月、星宿展现的天空景象，可视之为天空的语言，是苍天抒写的文章——天之文也——天文。

“望日、月、星宿而进”，即是古代航海家天文导航的最基本方法，借助观测日、月、星宿，达到确定船舶在海中的位置的目的。法显这番话便是天文导航技术最简捷的阐述。这项技术，古代又称之为海上占星之法，郑和时代有所发展。曾跟随郑和下西洋的巩珍在《西洋番国志》中写下这样一段文字：

> 经济大海，绵邈弥茫，水天连接，四望迥然，绝无纤翳之隐蔽，唯观日月升坠，以辨西东。星斗高低，度量远近，皆砍木为盘，书刻干支之字，浮针于水，指向行舟。

这是郑和属下对“天文导航”技术的阐释，其中观日、月、星宿的说法，同法显如出一辙。值得注意的是，巩珍文字，使我们知明代郑和“舟师”，已不是如汉唐宋元时代单单观天文以导航，而是广泛运用了罗盘为主要导航仪器。罗盘在那个时代，足以称为“科学利器”。郑和船队把天文与导航仪结合使用，摒除了法显时代人为目测的偏差，更具有我们当代人常说的“科技含量”，这是15世纪航海术的一大进步。郑和时代出现了一句航海术语：视“星斗高低，度量远近”，又出现了一个“过洋牵星”的“明”词，今人读来，颇觉好听、好看，又庄严神秘。其实，过洋，就是郑一钧先生所解释的“越渡或航过大海洋之意”。而牵星之牵，郑教授说：

“‘牵’即导引，‘牵引’或‘保持’的意思。”“过洋牵星”，合起来，可做如下颇具文艺范式的表述：航海时，被天上的星星引导着，仿佛牵着你这船队的手儿，航向大海无限的深渊。郑和舟师运用“过洋牵星”术，留至后世的实物可考者尚有四幅“过洋牵星”图，一副“过洋牵星”板，它们以不可否定的物证身份共同述说着郑和利用天文导航的航海往事。“过洋牵星”图可查见于郑和航海图中，“过洋牵星”板的记载则可见之于明代李诩

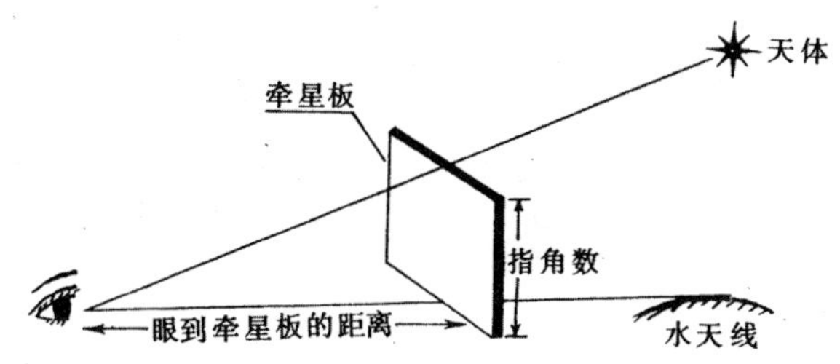


用牵星板观星图

《戒庵老人漫笔》记述：

> 苏州马怀德牵星板一副12片，乌木为之，自小渐大，大者长7寸馀，标为1指、2指以至12指，俱有细刻若分寸然。又有象牙一块，长2寸，4角皆缺，上有半指、半角、三角等字，颠倒相向，盖周脾算尺也。

学者朱鑑秋阐述："过洋牵星"板主要用途是测定天体高度，以"指""角"为单位，"1指为4角，合今约1.9°""得到天体高度，再对照图上所注数据"，判断"航道是否正确"。再次，地文导航技术是郑和船队运用成熟的一项综合性导航技术。天文导航技术的实施要点是气象条件要好。如果在乌云遍布、大雪浓郁、暴雨密集、雷声轰隆的大海上，天文不显，天文导航技术则无用武之地，这时，必须使用"地文导航技术"。对这项导航技术，郑一钧教授解释为：

> 是"舟师"以航海图为依据，利用航海罗盘、计程仪、探测仪等航海仪器，按航海图、针路簿，所记沿途各地的针路、里程、海水深度，海底底质等导航，确保海舶沿着正常的航线驶抵目的港口。

学者朱鑑秋不提"地文导航"这个术语，他提出"对景实位和物标导航"的概念：

> 古代船舶在沿岸或近海航行时，常常根据山屿岛礁的形状来确定船位，或根据沿海的地物标志来导航。

其实，郑、朱二位说的是一回事，表述不同而已。郑和船队，是15世纪地文导航航海技术的集大成者，亦达同时代最高水准。

郑和航海运用地文导航航海技术，最为常见的专有名词是“更”“托”“针位”“针路”，令我们这些科盲很是头大，而且，要弄清这些，还要知道“天干”“地支”“八卦”“五行”“二十四方位”等又是什么。

比如，“更”的表述及“针”的作用表述如下文：

> 海中行以60里为一更，往返1600更，为9万余里。行皆候风占星，以针取路，以干支取某山某屿，进某澳，转某门，以至开洋避礁避浅，皆以针定。

上引文字，转引自朱鑑秋先生文章，原文出自随郑和三下西洋的太医陈常笔下，600年后的我们要读懂已属不易，要照着实施，事更不好办。由此，我们想到，郑和舟师的很多人，智商一定高于吾辈，至少是航海智商高于吾辈。

说起郑和船队操弄什么“盘”“针路簿”“更”“托”“针路”的，绝不是随随便便的人物，前面我们提到的明代称之为“火长”的，就是那些遴选于“劳驾民梢”，或聘贤于外国达人的航海高级技术人才，他们如有幸活到今天，对应的职称应该是工程师，或者是更高一类的专业技术职称。

郑和时代“更”呀、“托”呀、“针路”呀，一类的术语，源出于航海实践。比如“托”，“则是指两臂张开伸直的长度”，一般长2米左右。“更”，也是海上计程专有名词，原为古老的计时单位。明人黄省曾《西洋朝贡典录·卷上·占城国第一》中的说法与陈常的提法一致，他说：“海行之法，六十里为一更。”“针路”，是指郑和时代，“用磁针制成的罗盘表测定航向、方位，所以把航路称为针路。”《郑和下西洋航图》是郑和舟师给世界留下的文化瑰宝，原载于明代茅元仪所辑《武备志》中，具体成图时间不详，但朱鉴秋先生根据台湾周钰森先生《郑和航路考》一书的文字，引证推断成图于15世纪初，大致在1425年之后至1430年之前这五年间，郑和任南京守备时所绘。茅元仪曾任副总兵，又是著名航海、军事方面的学者，有“翰林院待诏”的头衔。

《郑和下西洋航图》朱鉴秋先生考证收录者茅元仪在《武备志·卷240》写有序文，共计142字，其中有文句“内竖郑和，亦不辱使命焉。其图列道里国土，详而不诬……”茅序这就直接说出此图与郑和航海的关系。

对航海图研究造诣颇深的中国学者朱鉴秋认为，该图共有40幅普通航海图：

> 制图范围广宽，表示内容丰富，把古代地文定位、天文导航及其他航海技术所需的要素都包容在图中，是郑和下西洋科学航海的结晶。

朱先生还指出展阅此图，地理、地物诸如江河口、港口、岛、礁、海滩及大陆岸线，还有可作为航行目标的山峰、城镇、寺宇、宝塔、旗杆、桥梁等均可鉴览，国名、省、州、县名及卫所、巡检司名标示准确，仅外国地名有300余个。看上去，真是千物万观集于一图。朱鉴秋先生研究认为，此图是“采用自右而左，一字展开认绘制的”“记下西洋往返的航程，可分国内与国外两部分”“海图中列举自太仓至忽鲁谟斯针路共56线”“返回针路53线”，计100余线。又配有天文导航专用的4幅《过洋牵星图》，真是具有可操作性。此图的航海价值对郑和船队是不言而喻的，而它在航海文化方面也堪称瑰宝。朱鉴秋先生认为这幅下西洋航图“是古代唯一系统、完整显示‘海上丝绸之路’的图籍”，对于研究中西海上交通史，有不可替代的独特作用，也即是说，它在历史学、地理学（还应提到地图学）均有里程碑式的意义，就“成图时间而言”，它还是世界上现存最早的系统航海图集。

## 睦邻友好是和平外交的精髓

郑和下西洋的文化特质展现最为充分的方面是郑和船队和西洋各国外交往来所奉行的睦邻友好的和平精神。关于这一点，我们查阅明朝皇帝的言论及诏书，便可以从中探究出个大致；认真考察郑和船队在海外的实际活动，便可得到证实。

明代初期的几位皇帝朱元璋、朱棣、朱瞻基，亦即学者们常提的所谓“四代三帝”，处理国家关系时，都具有儒家文化浸润的外交方略，不主张恃强凌弱，动不动使用军事手段，而是提倡“共享太平之福”。这里说“四代三帝”是因为从朱元璋到朱瞻基，其实，明朝已有4个庙号，4个朝代，在明成祖朱棣和明宣宗朱瞻基二帝之间，另有一帝即仁宗皇帝朱高炽，惜其因病早逝，故称“四代三帝”。

儒家经典《礼记·中庸》有句名言，充分体现了孔孟之道的精髓：

> 中也者，天下之大本也；和也者，天下之达道也；致中和，天地位焉，万物育焉。

这段话强调以和为贵，中庸治世，使天地之间，一切均循序求安，万物和睦共荣共生。简而言之，天地藏大道，万物共荣生。

朱元璋是明朝开国皇帝，他在洪武元年（1368）曾把亚洲15国列为不征之国（即不征讨的国家），外交上是位十足的和平大帝，《明太祖实录·卷34》记载，他对安南国所颁之诏，如今，我们看来就是一篇和平宣言：

> 昔帝王之治天下，凡日月所照，无有远近，一视同仁，故中国奠安，四方所得，非有意于臣

服也。与远迩相安于无事，以共享太平之福。

永乐七年（1409）三月朱棣命郑和下西洋时，诏书遵守皇父之意：

> 敕谕四方海外诸番王及头目人等……今特遣郑和齐敕普谕朕意，尔等祗顺天道，恪遵朕言，循理安分，毋得违越，不可欺寡，不可凌弱，庶几共享太平之福。

朱棣及其父王这类善待他国的言论，多不胜举，15世纪超级大国的皇帝，如此友善，令人感慨。他真称得上是古今超级大国首领中的温婉派。不信么？看看今朝那些动不动出兵开战的超级大国总统的行径！

最后启动郑和第七次下西洋的宣宗皇帝的诏书有这样一句话：

> ……其各顺天道，抚揖人民，以共享太平之福。

三位明朝皇帝诏书都有6个字“共享太平之福”，这是明王朝一以贯之的待人之道，交邦之策。这与孔孟之道覆盖下的华夏文化精神一脉相袭，千年相承。

15世纪郑和船队出访亚非地区，忠诚于大明皇帝睦邻友好的旨意，“宣德化以柔远人”，不遗余力，文化、文明成果甚丰，大致可做如下归纳：

第一，与亚非各国互通有无，开展了“厚往薄来”的商贸活动，具有浓重的文化色彩，实现了明朝与亚非各国的既是物质的交流又是精神文明的交流。查阅史料，郑和船队开展商贸活动时，以“宣德化”为先导，即以宣传大明王朝的“德化”主张为第一要务。史料记载，郑和船队到达某一个国家的港口城市，总是气氛友善而热烈，仪式庄严而隆重。因为坚持了互惠互利的原则，双方都把会访的日子，看成节日一般。郑和船队高船大舰，千帆林立，却锣鼓喜庆，彩旗飘飘，不会对当地造成兵临城下、军威肃杀的压力。港口城市所在国的居民，一听说中国人来了，从四面八方赶来，或围观以看热闹，或参与贸易而惠利。笔者揣想，所在国家的人民，围观中国人的情景，大致与五六十年代我们家乡保山人围观到华的外国人之情景相同。好奇异族，古今同一。

史料给我们记载的情形如稍加描述，大体是：停泊靠岸的大明宝船上，身着官服，头戴官帽的郑和、王景弘等人，慈眉善目，面沐春风，笑意传人，走出船舷，与当地迎候的官员和民众互致敬意。宾主之间，相见甚欢。

就在这时，郑和船队的船舰上，鼓乐之声骤起，如彩云飘过，大片旗幡之下，下西洋的中国舟师仪仗队出现了。仪仗队队仪雄壮、人物俊朗、帅气夺人、服饰华美、步履矫健，稍做巡游之后，一名帅哥型的“皇华”使者，手执黄色诏书，于仪仗队中，轩然而出，开始郑和下

万国来朝，谊传四海（云南赵志华绘）

西洋造访各国的例行——却又是最为重要的仪式——开读大明皇帝的诏书。诏书中少不得“奉天承运”一类的朝廷用语，却更少不得明朝皇帝对当地人民的慰抚之意以及派遣“舟师”出访天下的官方说明。品读历史，史料中关于郑和船队专设仪仗队的记载，言之凿凿，是郑和下西洋与各国友好往来的一大亮点，颇为出彩或有趣，而宣读皇帝诏书的史实，具有中古时代中国皇家的气派，但又觉得这与现代外交范例多么的格格不入，现在，要是照明人的那套程式，不知要惹出多少麻烦。接着，郑和船队要履行中国皇帝授权的另一项重要程序——对当地“王、妃、臣僚”予以赏赐，明代称之为“开读赏赐”。中国人有“好面子”的优点（或称缺点），己所不欲，勿施于人，给人的东西必定见个好，郑和船队，赏赐给外国的东西，有双台银印、冠带袍服、丝绸、玉器、瓷器……这些东西外国人少见，自然是高兴得不得了，这是后话。我们要按史具写的是，由于是礼尚往来，外国人对中国使臣也极为尊重。如费信的《星槎胜览·占城国》中记载郑和船队宣读诏书及执行赏赐时，“占城国王下象，膝行，匍匐，感沐天恩，奏贡方物”。更具体的情形是：

占城国欢迎郑和图（云南赵志华绘）

> （占城）其酋长头戴三山金花冠，身披锦花手巾，臂腿四腕，俱以金镯。足穿玳瑁履，腰束八宝方带，如妆塑金刚状，乘象，前后拥随番兵500余，或执锋刃短枪，或舞皮牌，搥善鼓，吹椰笛壳筒，其部领皆乘马出郊迎接。

这段描写，占城国国王（亦即酋长）行状举止服饰穿戴，极尽详备，由占城国王亲率的迎宾仪仗队，营造了隆重、友善的气氛。

郑和舟师在榜葛剌同样受到隆重接待，史料记载也颇详细。不过，关于郑和是否于第七次下西洋时，亲到榜葛剌，学界有所争论，主导说法是，郑和并未到过此地，是由他的云南同乡洪保去的。费信说，洪保一行一到榜葛剌，便受到该国国王“人马千数”的盛大欢迎。在接下去举行的赏赐仪式上，《明史·卷326·榜葛剌》有如下记载：

（国王）箕踞殿上高座，横剑于膝。朝使入，令拄银仗（此字疑为杖——著者注）者二人来导，五步一呼，至中则止；又拄金杖（同前注）者二人，导如初。其王拜迎诏，叩头，手加额，开读受赐讫，设绒毯于殿，宴朝使。

相比较而言，费信记述于《星槎胜览》中榜葛剌迎接中国船队的文字更为详尽，文采更盛。甚至连为榜国“待我天使，宴我官兵”，怕“舟师”饮酒乱性，这一细节也写到了，故“抑不遵礼”——也就是说，有所保留，一反惯常礼节，不上酒了，“唯以蔷薇露和香蜜水饮之也”。这种交往，十足的朋友之道。

榜葛剌国是郑和下西洋中不可不记的国家。该国送中国的“麒麟”，不过就是长颈鹿，认定它是“麒麟”这样的神物，不知肇自何人，反正被郑和万里迢迢地带回中国便成了中国人心中的神物“麒麟”。说它是神物，因为它被记载于远古的典籍之中，流传于民间的口碑之上，是吉祥神圣的象征，一般在“圣人出”“国泰民安”时，“麒麟”才会祥返人间。“麒麟”入明京，顿时掀起一股“麒麟”文化狂潮，大明举国震动，上上下下争睹“麒麟”。平民百姓少见多怪，尚情有可原，不可思议的是大明王朝那些才高八斗的状元、进士、举人们，怎么也抑制不住大唱颂歌的雅兴，纷纷操笔，写出一大批颂赞“麒麟”的诗，计有16大册之多，足足可编一部诗集《麒麟颂》。此外，还有史书有传的大画家也不甘示弱，如沈度便绘了一幅《瑞应麒麟图》。

大明举国的“麒麟”崇拜热真是图文并茂，止于何时，不得而知，但历史悄然包容了指长颈鹿为“麒麟”的事件，查阅史料，永乐宣德年间，好像没有一个人站出来指正这“麒麟”不是那“麒麟”，而不过就是非洲动物长颈鹿。

沈度是明代书画大家，名满天下。于此，我们要提及一件趣事，云南李根源先生主编的《永昌府文征》中记载，大名鼎鼎的《瑞应麒麟图》曾被李根源收藏，因为李根源是金石大方家，酷爱且懂得书画，又寓居过苏州，这是江南名邦也正是沈度活动过的地方，这么说，这幅名画被李根源先生收藏是完全有可能的。

下面，我们将郑一均先生在《论郑和下西洋》一书中的研究成果转述于下，这是郑和下西洋时代彪炳史籍的几件文化交流的大事件。

第一，赊赐精确的历法。有王历和民历两种，共有历注62事，包括祭祀、拜官、宴会、招贤、嫁娶、沐浴、整容、出行、入学、牧养、伐木……涉及国家政治、社会生活、礼俗规约方方面面。而历法本身，对于促进海外国家天文历法的进步，也有一定作用。

第二，对亚非各国赐予大明王朝的冠服。郑一钧先生根据《明成祖实录》等多种资料，查有记录的外赐服饰有“金绣龙衣”“麒麟衣”“王妃冠服”“金相玉带”“仪仗鞍马”等。这些服饰冠带的赠予，帮助西洋一些落后国家，改变马欢笔下所云之“科头裸足语侏离，不习衣冠疏礼义”的状况。我们常言“服饰文化”，服饰实在是一个民族美学品格的体现，文化素养的标志，文明程度的见证。从这个角度讲，郑和船队的赠予冠服之举，是一种有价值的文化活动。

第三，对西洋各国赠送图书。史料明确记载郑和舟师于永乐二年赠送图书《列女传》达万册。这部由大明王朝礼部印装的书，还有朱棣的《序言》一篇。朱棣在文章中留下了“四夷顺，则中国宁”的文句，看来，他认为向西洋各国赠书，也是顺抚诸番的必要举措，这和他诏示郑和出使“宣德化”“柔远人”的思想是一致的。值得提出的是朱棣对“妇女问题”似乎能理性认识，而他对“夫妇之道”的认识则颇有见地。他认为“夫妇之道”是“生民之始，万祖之源”，这应该是说，夫妇有道，家庭和顺了，国家便可和顺。由此，我们揣想，朱棣为什么要送《列女传》？似乎不是专在提倡匡束女性创造力的“三从四德”，他从“夫妇”之道的角度，从女性在“夫妇之道”的重要价值，推及家庭——即朱棣所说“生民之始”，对国家社会的稳定作用。朱棣的这种认识便颇有值得肯定之处。此外，朱棣的生母，因不足月生下他，遭受朱元璋的折磨，穿“铁裙”而死，也许因为有这种经历，使他对道德端佳、贤淑良善的女性有一种尊重和同情，才选择了这本书作为赠书。

郑和代表明王朝赠送西洋各国的图书，远不止《列女传》一部。如安南国拥有为数颇多的中国图书，“经史、子、集四部之书”皆有，另有《贞观政要》《资治通鉴史》《武侯将苑百传》《太公家教》《翰墨类聚》……不一而足，堪称琳琅满目。

众所周知，图书是世界共同认定的文化载体，传载着一个国家的语言文字、思想精神、人物事件……这些图书的赠予，推动海外各国认识中国文化。明清古籍记载，有不少国家如安南、占城、高丽、日本等国，不仅拥有中国书，而且还有人能直接阅读中国书籍。而明清时代移居海外的华人，得益于图书传输交流至海外，自然会从中汲取母国文化营养，自己读祖国的图书外，还会借图书传播中国的语言文字。

东南亚各国，喜欢郑和舟师带出的图书，并因此受到中国古代文化影响，是不争的事实。费信曾记载：琉球国亦“能习读中国书，好古画铜器，作诗效唐体”。我们读到一位明代流寓昆明的日本僧人机先写的律诗，比有的云南文人写得更好。另有记载，明代《琉球国王相机致旧港国管事官书》，即是用汉文书写，其“行文与中国官方文书无异”。琉球国王还多次派官家弟子到中国古代的大学——即国学，又名太学学习。又有文人谢清高于《海录·暹罗》中记载，暹罗国“颇知尊中国文字，闻客人有能作诗文者，国王多罗致之，而供其饮食”。

于此，我们引用一首明初日本使臣牧田谛亮收录于《三谦斋南游集》的诗，佐证一下我们的叙述。

四海九州来会同，土宜献纳各旌功。
吾何求辙行天下，今日亲逢率工雄。
中华风物古来昌，渐觉他乡胜故乡。
南贡蛮琛东海货，朝迎楚舵暮吴樯。
愿言蓑笠伴渔隐，不料袈裟裹御香。
欲写篇口还自愧，行行棘句又钩章。
（郑一钧《论郑和下西洋》）

这首诗的汉文水平不低，颇似出自中国老夫子之手，“渐觉他乡胜故乡”堪称名句。

再引“昆籍”日本人先机诗《金马朝晖》于下：

岧峣金马在城东，黛色苍凉淡墨中。
画角声消残月白，阳乌影动早霞红。
梁王去国荒兵在，汉将开边古通道。

岂料长为南窜客，朝朝相对独为翁。

有谁敢说这不是咏云南的好诗？我们跟他急！

第四，明代初期外交的辉煌成果——各国元首及使臣的访华。

由于郑和奉行了文化交流、睦邻友好的和平之道，郑和船队取得巨大的外交成功，把中国和亚非各国的密切关系，推进到了历史上从未有过的高度，明王朝受到“万方来朝”的尊崇。各国来宾渡海来华，明初修建的16座迎宾大酒楼，高朋满座，胜友如云。南京当时的“国际化”程度，可以想见。为此，笔者亲访南京，并请郑自海先生导看16楼旧址，自生一种旷远幽古之情。据记载，郑和时代国外对中国友好访问，达到盛况空前的程度。

据郑一钧先生统计，在永乐当朝的21年间，外国来华318次，平均每年约来15次。超过朱元璋时代的每年6次，超过明正统年间的7次。此外，外国人来华的人数规模也很可观。如永乐九年（1411），满剌加国王的使团达540人到访，这么一个小国，就出于一种友善的感恩戴德的情怀到中国，令人感叹朱棣王朝的魅力，当可类比为德国当年一干青年人最早使用过的一个高贵名词——“人类磁石”。

另有今居文莱国的浡泥国王麻那惹加那乃偕王子、王女、王妹、亲戚、陪臣150人，于永乐三年（1405）到华访问，备受大明礼遇，这位国王十分感动，说：

我僻处荒徼，幸入朝睹天子声光，即死无憾。死，又体魄托葬中华，不为夷鬼。所憾者，受天子深恩，生不能报，死诚有负。（杨新华：《文莱·热带王国皇冠上的明珠》）

浡泥国王被厚葬于南京东向花村乌龟山，至今尚存遗迹。

对于外国使臣的迎接，明王朝极为重视，宴会丰厚，礼遇有加，对怠慢外宾者，有严惩的记录，真如当代中国之语，“外交无小事”，一点不准大意。下面转录一段《明成祖实录·卷127》的记载：

永乐二十一年十一月辛巳（初四），车驾入居庸关。是日，天气清朗，上服衮龙金绣袍，乘玉花龙马，既入关，按辔徐行，军容甚盛，金鼓喧阗，旌旄辉焕，连亘数十里，中外文武群臣，皆盛服，暨缁黄之流，耄耋之叟，四夷朝贡之使，百十万人，骈跽道左，大驾至，欢呼万岁，声震天地。忠勇王金忠在后，于马上遥望，顾其所亲曰：“今日真随从天上行也。”

这是我们见之于典籍中，最盛大壮观的盛典的记述，聚百万人之众，天安门前有过，是在当代。有论者言，明朝当时人口7000万许，集一百万人不是小数。

我们的理解，明成祖一箭双雕。一是迎“车驾入居庸关”，二是顺此对1200名西洋来使予以观瞻最高规格盛典以示回敬之礼，自然《明史》中“示中国强”之意，也是极为明显的。

亚非各国使臣不远千里到中国来，明代儒生称“万国来朝”，这是一种文饰溢美的说法，如同敬祝皇上万寿无疆一样，是祝颂之词，绝无可能朝国至万，但是中国和各国的友好往来，在明朝的确盛况空前。

## 瓷器文化传播的新时代

前面，我们多处述及，郑和下西洋揭开了中国对外交通史上最伟大的新篇章，开创了海上丝绸之路的新时代。我们要稍做阐释的是，郑和时代，由于经济贸易的发展，海上丝绸之路，更具有海上瓷器之路的特征，有诸多学者也直接以瓷器二字以冠名这条海洋通道。

海上丝绸之路的开拓已有2000多年历史。日本全日广播公司电视台拍摄的《海上丝路》录影带，其解说词是这样叙述海上丝绸之路的：

早在2000年前的西汉时期，就有一艘从西安经长江出海南下，再穿过马六甲海峡，孟加拉湾、阿拉伯海，再由尼罗河进入地中海的贸易路线逐渐被开发，我们称之为“海上丝路”，又叫‘瓷

器之路’。（刘达材《郑和研究的几点认识》）

读这段文字，海上丝绸之路的起源时间、地点、航路、效能等，已表达得很清楚。我们选用外国人的论述，或许因为这更具有国际认同感。同时，我们于此再次指证，外国人笔下的海上丝绸之路，大致覆盖郑和下西洋的路线。

瓷器图之一。该瓷器标示的“宣德年”为郑和下西洋的晚期

海上丝绸之路的开辟，是世界海洋文明最伟大的一项成果，就其本质，它就是一条中外文化交流之路，友好的贸易交往之路，国家间的外事交往之路，总之，是世界文明的一大孔道。（当然，在西方殖民主义思想指导下，那又是另外一回事，它是掠夺、侵略的海道。）

瓷器图之二。该瓷器来自海外，烧制年亦在郑和下西洋时代

据著名郑和研究专家时平教授大著《郑和时代的海权》，郑和下西洋之路的启动，已有学者白寿彝教授，另有卢苇教授指出其历史背景。白寿彝先生在《中国二千年史》中指出这是因为：

> 明初西方突厥人的兴起，中国与欧洲间之陆路交通横被遮断。

卢苇先生在《论郑和下西洋与东西方交往及东南亚地区的稳定繁荣》中指出，这是因为：

> 由于瓦剌、察合台后王政权及帖木儿帝国在亚洲的出现，使得原先由蒙古大汗国就已奠定了的横跨欧亚畅通无阻的东西陆路交通，也随着元朝的灭亡而消失。因此，在明代初期，正是郑和下西洋的前夕，东西方的交往已从原先的陆路向海路方面转移。郑和下西洋具有世界历史的意义，正是由于适应了当时东西方交往的需要，顺从了这一转变的趋势。（时平《郑和时代的海权》）

两位学者的论说很有启示意义，故录出。

郑和于28年中七下西洋，提升了海上丝绸之路在世界交通史上的地位，谱写了中国和亚洲各国友好交往的新篇章，成就了中国在亚非航道上前所未有的商贸奇迹。

应着重强调的是，这里面含有一定的文化交流成分。限于篇幅，我们无法一一立论详说。因为那实在太丰富、太宏博。我们谨就与文化交流有关的某些商品尤其是瓷器，对郑和航海在文化传播上的贡献，做些阐说。

郑和下西洋和亚非各国交流的商品，品种繁多，学者鹿世明根据《明会典》《明史》《瀛淮胜览》等书统计出来共有主要出口商品是7大类22种，输入中国的商品有“11大类191种”。中国输出的商品，纺织品中丝绸为最大宗，有：丝棉、绸缎、湖丝、绸绢、纻丝……中国丝绸输出，历来有文化交流的属性。于此不评论。

瓷器图之三。该瓷器来自海外，烧制年亦在郑和下西洋时代

我们在这里顺便岔说一下，郑和下西洋文化交流中，有一个项目不可忽视，这就是医学、药学的交流，似乎，过去学界在这方面深入开拓研究还很不够。鹿先生列举了郑和从西洋带回一大批药品，有13种之多，丰富了中国医药学宝库。这些“进口药”当然也会挽救明代很多中国人的生命，或是促进他们健康长寿。于此，亦不详论。

瓷器图之四。该瓷器来自海外，烧制年亦在郑和下西洋时代

郑和船队带出中国的瓷器的事实，不

瓷器图之五。该瓷器来自海外，烧制年亦在郑和下西洋时代

仅仅是成就了一宗巨额商品的国际贸易，同时，它又是中国瓷器进入新的鼎盛时期的有力大推手。随着激增的外销、赏赐瓷器的巨大需求，中国国内的各个窑口，受到刺激，材料创新，技术提高，品种激增，产量增大，一批批好瓷源源不断生产出来，构建了15世纪及其后数百年瓷器文化的器物基础。

瓷器图之六。该瓷器来自海外，烧制年亦在郑和下西洋时代

我们这里提瓷器文化的概念，当不属新颖，瓷器是中国最光鲜的一张名片。外国语中，如土耳其语中的“中国”和“瓷器”，至今仍是同一个词。中国历代流散至世界各地的瓷器，其数量无法统计，其中的精品，在数百年间，由器物华丽转身，或成为珍贵文物、艺术魅宝，这已成不争的事

实。著名学者武斌先生在其皇皇巨作《中华文化海外传播史》中对中国瓷器文化在海外的传播做了广泛、深入且有超越性的研究。我们在本节后文中多次引述的中外学者论及瓷器的文字，均出自此书，顺此忱谢武斌先生及我们的引文涉及的各位著述者。武先生称中国瓷器是“古代中国人贡献给人类的一项伟大发明”，是“辉煌世界的实用精品和艺术精品”“瓷器在历史上与中华文化有着千丝万缕的联系”，即是说瓷器与生俱来，就具有文化属性。具体说，瓷器与美术、书法、音乐、茶文化、酒文化均有十足的亲缘关系。这种论点，早也为中西方学者认同。如，日本学者三上次男就指出：

瓷器图之七。该瓷器来自海外，烧制年亦在郑和下西洋时代

瓷器图之八。该瓷器来自海外，烧制年亦在郑和下西洋时代

中国陶瓷的研究已经脱离了过

去名品欣赏的范围，终于过渡到美术史和东西文化交流史的研究阶段……

又如西方学者哈尼克在《西洋美术所受中国之影响》一书中指出："瓷器之入欧即中国对于西方文化最大贡献之一也。"

明代的永乐、宣德年间，各官窑及民窑烧制的青花瓷器，妙品迭出，论水平、论成果，说是中国瓷器制造的一大巅峰时代，决不为过。明代的瓷器烧制，必然催生出一支专业技术队伍，既有能工巧匠的技术，又有艺术家的素质，他们"外师造化"，把自然界的一切美好实物，山川、风物、花卉……当成学习的对象；"中得心源"，从天地造化的器物中获取状貌、神采、色彩的灵感，指导瓷器的创作。无可否认，当代拍品中几百万、上千万、过亿元的瓷器，不少出于永乐、宣德年间。

这些精品瓷器的大量涌现，才满足得了郑和舟师的船运舟载之量，成就了中国瓷器输出的高潮时代。武斌先生统计，亲历下西洋的马欢、费信等人笔下，记载了郑和使用进行瓷器交易的地方有14处，分别是："计青花白瓷器3处：锡兰山、古里、天方。青白花瓷器6处：暹罗、柯枝、忽鲁谟斯、榜葛剌、大唄喃、阿丹。青白瓷器4处：旧港、满剌加、苏门答腊、龙牙犀角。（其他）瓷器10处：花面、剌撒、三岛、苏禄、佐法儿、竹步、木骨都束、溜洋、卜剌哇、阿鲁。大小瓷器1处：旧港。瓷碗3处：淡洋、吉里地闷、琉球。青碗一处：勾栏山。"

这些瓷器交易点是明初中国在海外瓷器的重要集散地。或许由于它们曾发挥的历史功能，使我们在全世界各地更容易找出有关中国瓷器存在的例证，发现了它以独特的文化风貌，受各国人民喜爱的实据。

瓷器图之九。此图具有古代波斯风格。瓷器相传为太平洋中沉船打捞所获。有识者认为是中国为阿拉伯国家特制的外销瓷（专此，向本书使用九幅瓷器的收藏者表示忱谢，因一时找不到收藏者的姓名及地址表示歉意——作者）

东南亚各国邻近中国，瓷器留存极多自不待说，而在相对遥远的非洲，由于郑和下西洋的晚期，把大量的瓷器带入这里的许多国家，形成瓷器文化遍布的景观，一度令世界各国探访者叹为观止。概说之，这种景观分为两个大类，一是成规模的或是汇聚珍品的收藏。二是被广泛用作宫殿墙壁、建筑物天花板、遗迹石柱、高规格陵墓等等的装饰物。后者，被日本学者著文称赞，这构成了非洲人奇妙的审美现象。我们颇觉遗憾的是，由于国情的原因，中国学者对郑和在非洲遗迹以及相关的瓷器文化遗存的见识，至少晚于其他国家学者几十年。因为中国学者只有在中国实施改革开放后的20世纪后期才有可能实地去考察，而在此之前，国内学者鲜见亲历非洲考察的记载。见识此类文化现象较早较多的是我们的朋友——《人民日报》驻南非的首席记者李新烽先生，他在非洲工作过8年。他拍回来相关的照片，让我们看到中国瓷器在非洲成为美妙的装饰物的真实图景。而他那些探寻非洲郑和踪迹的文字，足可称为是中国郑和研究具有填补遗缺价值的文脉。于此打住，还是转到武斌先生引用一段英国学者的著述：

> 我生平从来未像过去两周在这里的沿海和基尔瓦岛一样，看到过如此众多的瓷片。确切地讲，中国瓷器的碎片可以整铲整铲地铲起来……事实上，我认为，如果说就10世纪以后的中世纪而论，坦噶尼喀被埋藏的历史是写在中国瓷器上的话，是合理的。

这一段话是戴维逊在其著作《古老非洲的再发现》转述英国人摩蒂默·韦勒在坦噶尼喀的亲历观感。中国残瓷“可以整铲整铲地铲起来”的状态，至少保留至韦勒到访的1955年。那么，更早的时间，又会是一番什么样的图景呢？

日本学者三上次男在自己的著作《陶瓷之路》中，也转述了美国学者在非洲“有着悠久历史的古城”看到了大量的中国古瓷，以“14世纪至15世纪”的“青瓷”居多，并告诉读者，这座古城在基尔瓦岛上，“是出土中国古瓷最多的地方”。

在中国学者武斌笔下，郑和船队到过的“东非，是一座贮藏中国古瓷的巨大‘储仓’，里面收藏着无数的珍宝”。有浙江龙泉窑青瓷、江西景德镇的青白瓷、福建德化窑的白瓷、广东白瓷，这些都是名窑名瓷，另外，还有大量的明初“釉里红”“青花和五彩”等名瓷，“真是丰富多彩”。

另据外国学者记载，东西亚地区的土耳其城市伊斯坦布尔的托普卡帕宫博物馆是收藏中国瓷器的一大宝地。这里的瓷器收藏开始于15世纪，即郑和逝世后，收藏瓷器上万件，明以前的珍品达4000件许。制作于元代的珍贵瓷器，有专家估计在世界上仅有200余件存世。此馆就收藏了80件。笔者亦在伊斯坦布尔亲临亲睹这批瓷器的现场，被保护得严严实实的中国古瓷，从玻璃罩里透出的身影是“高富帅”，即个头高大，价值连城，帅气逼人，真是开眼了！国内没见过。胸中顿生惊叹，自豪也油然而起。

以瓷器制作而论，中国独步先行于世界，堪称无与伦比。外国人利温奇在《18世纪中国与欧洲文化的接触》中称：

> 至1709年麦森人波特格尔终于能创制成了欧洲第一件真正的瓷器……

据武斌介绍，这里提到的波特格尔是位炼金家，据称掌握了“点石成金”的秘密。他是位德国人。麦森地方的瓷器1714年在莱比锡博览会上展出。还有普鲁士国王弗里德里希二世在致卡玛斯女伯爵的信中说："……我们现在只有光荣、宝剑和瓷器。"

那个时代，瓷器于欧洲是神秘的，我们中国却很普及，用于吃饭、喝酒、腌咸菜、做枕头……哦!不好意思，也用作夜壶。

欧洲人对瓷器的无知，在16世纪还真够档次，近乎笑话。在一位法国作家笔下这样写道：

> 瓷器是由鸡蛋壳和捣碎了的贝壳制成的，它的最大优点在于，如果把毒药放到里面，它就会炸成碎片。（朱培初《明清陶瓷和世界文化的交流》）

千百年来，人们一直说法国人天真烂漫。读此条，信了。

不过，在瓷器产业的衍生发展过程中，除中国之外的世界其他国家也有过不俗的贡献，中国瓷器也因世界各国制瓷事业的发展，得到推促，在瓷器文化的交流过程中，中国也曾得到一些国家的帮助。请读下面一段武斌先生的文字：

> 明初的大盘、大罐具有中东风格，专供出口。新烧制的双耳扁瓶、双耳折方瓶，仿自伊朗13世纪的式样，永乐年间烧造的两端喇叭形、细腰中

空的青花座，用于承放花盆、水罐，是仿造3000多年前巴勒斯坦等地流行的青铜座，近年在叙利亚有不少出土。宣德年造的伊斯兰式把杯，仿制8世纪的中东式样。



文化的交流是双方向、互动的，外国的瓷器形制、工艺、设计、原料采用等方面，都曾对中国瓷器制作产生过影响。著名陶瓷专家叶文程指出，一种来自苏门答腊和浡泥的釉料，永乐年间，由郑和船队带入中国，名叫“苏麻离青”，烧出的“压手杯”色彩美丽独特。这种“压手杯”烧造量小，工艺复杂，成为永乐时代特有的花瓷器物，10年后，到了成化年间，便成为极其宝贵的稀世珍品。

## 审视海洋文明，启蒙海权意识

郑和下西洋对中国海洋文化延展以及对海权意识有启蒙意义。

中国是海洋文明的发祥地之一。中华民族历来是一个善于航海、勇于航海的民族，从秦汉唐宋元时代的资料上，我们均可发现一些古代著名航海家的名字。

中国也是拥有辽阔海洋，海岸线悠远漫长的国家，千百年来，中国人民经营海洋，创造了关于海洋的丰富历史。只是，我们不能不遗憾地承认，海洋文明，没有成为华夏文明的主导。

著名学者、北京大学副校长何芳川先生曾经支持过《郑和史诗》的出版。因为何先生已去世，专此提及，表示感谢。何芳川先生即指出："中华文明是一个稳定的农业文明，无论是长江、黄河、珠江和海河、辽河都生长并发展了农业文明。"

众所周知，历数世界古代文明建树，中华文明、古罗马文明、穆斯林文明，各树一帜，又交相辉映。这3种文明形态，中华文明尤其具有稳定不变的特质，并且是一种货真价实的农耕文明。虽然，我们有时也会看到这种农耕文明会时常闪耀着蓝色光芒即海洋文明的光芒，也即其"具有大量蓝色文明的传承和基因"，但不可忽视的事实是海洋文明，大约只是中华文明的一种补充。

在何芳川先生看来，"罗马文明的辉煌，航海是支柱""穆斯林文明的辉煌，航海是转型的支柱，因为穆斯林起自沙漠"。

中华文明长期以来，没有转型。固守东方长达几千年之久，值得为之讴歌却又不能不产生些许叹息。

中国社会延续农耕文明，在制度建设上，必然产生以"农业立国"的政治举措，强调"民以食为天"和"自给自足"，还要强调农业户口的固定性及后来的"保甲"制度的稳定性……

与延续农耕文明的历史发展道路截然不同，西方发达国家，却率先高扬了"工业化""城市化"的旗帜，以另一种笔墨解读了文明进程。西方建立的模式中，城市化进程的推进是一大核心内容，新兴而又强势的城市得到方方面面的支持快速发展，成为辐射四方的、走向现代化的、社会的发动机，被称作是资本主义的“摇篮”，引导着国家的社会生活和流行时尚，一个国家的80%以上，甚至90%以上人口不再是农民……而农耕文明，倡行的不是这些。譬如农耕文明式的国家，那些主要的城市，是统治者们富丽的宫殿，如明朝分封了很多王，明太祖朱元璋住南京，燕王朱棣住北平……皇宫、王府是城市的主要内容。称得上是皇权、（番）王势力的堡垒，这里恪守着的是先皇们的祖训，推行着的家天下权柄的意志。城市人口只占国家的极少数，80%或90%以上的人口是农民。

朱元璋时代，朱昇先生谋划的“高筑墙、广积粮、缓称王”的献策，成为洪武天下的治国宝笈。朱昇深受器重，却忙着向朱元璋要一道永不杀他的文书，还固执地为儿子也要这么一道皇帝的赦免之书，真是奇怪的举动吗？朱元璋给了他。不过后来，朱元璋却真的想杀人了，只是碍于赦书的情面，没杀朱昇，朱昇的儿子最终未逃厄运。“文化大革命中”大量反复转述了“高广缓”这句话，使只知“评法批儒”的国人十分崇拜或钦佩。这看得出“农耕文明”延续至明王朝，自朱元璋起，又下行几百年，何等坚固而执着。不过农耕文明也好，农业文明也好，事实证明了它在立国济民方面的巨大价值的不可否定，只是，它需要补充、发展和交流。或简而言之，农业文明如果有幸与海洋文明融汇交流，一种更强大崭新的文明形态也将在历史长河中躁动而孕育出来。

郑和下西洋的深层次研究，无疑具有帮助我们审视海洋文明、启蒙海权意识的价值。

在研究郑和的过程中，我们十分期待，这个才智超群又“文通孔孟”的海洋伟人，要是能够给我们留下大段大段的言论就好了，特别是留下一些最富个性，并具针对性的话，并且能编成一本诸如《郑和论海洋》之类的语录该多好，可惜，我们只能失望了。

据说，有明一代，留下了数量巨大，内容丰富的内廷史料，或许，其中会蕴藏丰富的郑和史料和郑和言论？不过，又听专家们判断，这些资料，光整理就得花“100年”的时间，可惜了，这么一个“文山”“籍海”的整理结果，我们注定是看不到了。好在，倒是从海外，传来法国学者弗朗索瓦·德勃雷转述的一段郑和的话，深刻而有见地，立刻引起学术界重视，有论者认为，这是郑和研究的新发现。同时争论也由此而生。对这段话出自何种明代古籍，至今没有确证，这使不少学者对这一段话持一种审慎态度，而另外一种观点认为，郑和说出这样一段话合情合理。一般认为，这段话最早由郑一钧先生在该著作《论郑和下西洋》转引，引文如下：

> 欲国家富强，不可置海洋与不顾。财富取之海，危险亦来自海上，一旦他国之君夺得南洋，

华夏危矣。我国船队战无不胜，可用之扩大经商，制服异域，使其不敢觊觎南洋也……

有专家认为，郑和说这句话时候，是因为有朝臣把下西洋说成是国家“弊政”，从而大加挞伐，并力主两件事情：一是停止下西洋，二是撤销下西洋“舟师”。郑和就是在这种朝政争论中，为说服明仁宗朱高炽继续前政，支持自己下西洋而讲的话。

我们在判读郑和这段话的时候，我们不得不承认中国近代历史上的危险，的确均来自海上，据上海海事大学海洋文化研究所所长、著名郑和研究专家时平教授统计：

从 1840 年 ~ 1945 年的 105 年间帝国主义列强从海上大规模入侵我国达 84 次之多，入侵舰艇 1860 艘，入侵兵力 47 万多人……

西方列强入侵中国，是从海防上敲开中国的大门，进而伤害中国的肌体。日本、法国在海上使中国北洋水师、福建水师昙花一现，从此，中国国势羸弱，再无强大的海防力量，沦为殖民地、半殖民地社会，都是危险来自海上的例证。

世界上围绕海洋海权的争端不断。中央电视台及一些媒体公开报道，个别亚洲国家紧紧追随美国封堵中国的政策，并出于利己利私的考虑，或蠢蠢欲动，或乱开脏口，或伎俩迭出，觊觎中国的海权，已危及中国的国家安全、领土（包括海疆）完整。我国领土西沙群岛、南沙群岛、钓鱼岛，时有他人提出不法、不义、不理、不情的领土要求，妄想侵吞他人盘中之物的行为，竟成为这些国家的公开举动……再有，近些年美国高调重返亚太地区，飞机簇拥着战舰，随时在巡游，动不动举行军演……

其实，美国这一套做法，是由其国家性质决定的，并有其根深蒂固的思想根源。美国及一些主要的西方国家，在外交上，或者说在海洋为主要区域的外交上，一直奉行的就是美国海军将领马汉的海权理念。台湾中华郑和学会首任理事长刘达材先生对此曾著专文《海权新思维——纪念郑和下西洋600周年庆典的重大收获与突破》予以阐述。刘先生把马汉的理论评价为是集“帝国主义、霸权主义、殖民主义、军国主义、大海军主义思想之大成”，并指出，世界至少有“三分之二”的国家受到马汉“所谓海权”理念造成的灾难的折磨。

刘先生指出马汉被西方誉为“海权的先知”，曾任美国海军大学（简称）的两任校长，他的著作《海权论》（简称，原名为《海权对世界历史的影响》）发表于1890年。

考察马汉对海权的解释，我们不妨认为是“海权”观念的“西方式的极端”，它的产生也远远晚于郑和时代几百年。郑和时代，虽然没有明确提出“海权”的定义，但大明王朝，用航海实践，界定了另一种与马汉格格不入的海权理念，我们可称之是海权理念的“东方式的极端”。刘达材先生认为，郑和时代，大明王朝推行的海权理念，可称之为“和平海权”，这一“和平海权”，在海权的两个主项“海权构成”和“海权运作”上与西方霸权主义大相径庭，也被西方有良知学者认为是和平航海精神的产物，是一种“柔性国力”的展示。

综述刘先生的观点，马汉学说的核心还可以表述为：在整个历史上，控制海洋是决定一个国家领导地位和繁荣的主要因素，同时也是决定一个国家命运的主要因素。显而易见，马汉强调的是：为谋求一个国家的领导地位去控制海洋，为谋求一个国家的繁荣去控制海洋，而不必考虑其他国家的命运，也不必考虑其他国家的海洋利益。因此，马汉的观念催生了围绕海权而产生的“炮舰外交”“殖民主义”“霸权主义”。而大明王朝皇帝诏书中则主张有能力执行海权的郑和舟师让所到番国“共享太平之福”，沿袭了孔孟之道“以和为贵”的精神，强调“天地藏大道，万物共荣生”的和平主义海权。

明代的后期，以及明朝灭亡之后200多年间，中国面向海洋文明进发的步伐极其微弱而缓慢，由于国家政治、体制等方面的问题，也由于缺少思想观念的清晰指导，加之缺乏人才，缺乏实践，中国的海洋文化已经严重滞后，但随着中华民族的伟大复兴时代的到来，郑和的航海壮举，他对海洋的认识，便顺理成章地成为我们倡行海洋文化的利器。

我们回忆到1946年10月29日，民国政府（当时以此名义加入联合国）根据1943年12月《开罗宣言》和1945年7月《波茨坦公告》精神，由接受专员萧次尹率员接收西沙群岛，由接受专员麦蕴瑜率员接收南沙群岛。“在太平岛设立了南沙群岛管理处，派军驻防。”时间分别为1946年的11月24日和同年12月12日。最值得记述的还有，1947年底，当时的中国政府正式核定南中国海东沙、西沙、中沙和南沙群岛岛礁沙滩名称，向全世界公布，在这次富有历史意义的维护祖国海疆的活动中，南沙岛礁以郑和、费信、马欢、王景弘、尹庆、杨道明等人命名。这些史料，由学者、专家高晓星、时平、高学敏在郑和研究中所述及。在中华人民共和国绘制的地图中，我们很容易在临海疆域中找到这些岛礁，这使我们有一种领土完整的神圣感，似乎又感到一种海洋文明的光芒照射心田。我们还有理由进一步做些思考，如果维护海权的思想更强化一些，我们是否有可能更好地把握住世界反法西斯战争胜利的历史机遇，在维护中国海权、海疆上更有作为些，以致中国便有可能不必再于1946年以后的时间，为钓鱼岛及其他岛屿操心……

郑和对我们今天的社会影响是巨大的。有人会问，何以600年前便戛然而止的下西洋，还会有什么影响?

对这个问题，也一度是专家学者们热烈讨论的问题。我们考察了方方面面的意见，大致可综合如下：

第一，“文化大革命”结束后，适逢中国进入社会转型的时代，怎样在更加高旷远博的历史视野和当代视野下评论这位伟大历史人物的航海成就，审视郑和下西洋的思想意义，已经不是一个历史学、航海学的问题，它已经关联到借鉴历史，思考中国的命运走向，实施改革开放的问题。邓小平《在中央顾问委员会第三次全体会议上的讲话》有如下一段名言：

> 现在任何国家要发达起来，闭关自守都不可能。我们吃过这个苦头，我们的老祖宗吃过这个苦头。恐怕明成祖时候，郑和下西洋还算是开放的。明成祖死后，明朝逐渐衰落。

这段话，肯定了郑和下西洋是开放之举，邓小平高瞻远瞩，从国家命运走向上来评价明成祖时代郑和下西洋这一历史事件。读者都可从中悟出，明朝历史，“面海而兴，背海而衰”，永乐王朝，郑和舟师予以实践，郑和下西洋对中国走向改革开放之路具有启示作用。这段话我们亦可视之为是国家宣言：中国从此不再奉行自我封闭的治国之策。中国的国家命运也必然因之改变，世界历史上，一个前所未有的因开放而崛起的、空前强大的中国，出现在世人面前。

邓小平面对中央顾问委员会的老同志，批评“闭关自守”，提醒“我们吃过这个苦头”，这是决定中国走向的扛鼎之言。我们考察中国历史，闭关锁国，也是明帝国的灭亡的一大内在原因，好在那时西方各国羽毛尚不丰满，爪牙尚不利锐，根据杨红林先生《天朝大国错历史机遇》一文的表述，其时，“法国正遭受着百年战争的蹂躏，英国尚未废除农奴制”。这些主要西方国家不具备实力，还没有可能对明代中国实施侵略。而清帝国，则以不堪之状，吞下了闭关锁国的苦果，演绎了丧权辱国，备受西方列强凌辱的丑剧和悲剧，从19世纪到当今的中国人，对清王朝的病弱无能，很是唏嘘。但正如邓小平说，“明成祖死后，明朝逐渐衰落”。闭关锁国使明朝慢性中毒。如果像李敖先生那样，对自己提出一个问卷：“你愿意生活在中国的什么朝代？”我等绝不可填下“清朝”。一位熟人在看清宫电视剧时，听到一位歌唱家代表清朝一位皇帝抒发心声“我真的再想活五百年”时，很是错愕，觉得如清王朝，再活五百年，中国，国何以堪？孙中山等革命家也就大可不必出现。

清王朝的闭关锁国政策，乾隆时代已达极其强势之况。乾隆皇帝第二次南巡到苏州，听到说一个港口每年有1000多条船出海贸易。（这个港口，应该就是被称为“六国码头”的江苏太仓刘家港。）这位皇帝生怕人民出海贸易给皇权招致麻烦，便于1757年下达一道被称为“一口通商”的圣旨，主旨是说中国沿海各省，只许“广州十三行”办理通商事宜，这便是清政府彻底奉行闭关锁国的政策的标志。

一件史闻颇为有趣可见于多种书刊之中，我们于此摘引自《特别关注》珍藏本第51期第66页：1793年，英国国王乔治三世派使臣乔治·马戛尼带着他致中国皇帝的亲笔信及90余人的随员来到中国“交使通商”，83岁的老迈皇帝乾隆，大约已被臣下们侍奉惯了，在承德避暑山庄接待英国使团时，要求马戛尼行“三跪九拜”之礼。

马戛尼先生大约觉得眼下的这位皇帝老头又算不上自己的“皇上”，便来了点洋脾气，坚持只能行“单膝跪礼”，在他看来，这也算是“到乡入俗”了。在马戛尼表达自己这次出使任务，代表英国，要求与中国租地通商时，遭到乾隆皇帝的拒绝。想租地吗？没门！皇帝说：“天朝尺土，具归版籍”；想通商贸货吗？不需要了。皇帝说：“天朝物产丰盈，无所不有，不需要与外国交流商品。”

英国人吃了一回闭门羹。后来英国又多次派人来华商谈通商，结局都一样。据时平先生转录有人统计，从1645年到1816年间西方使节到北京要求清王朝准予通商传教的次数有十余次，这就是说，历史，还是很客气地给足了清王朝转变国政的时间，只是清廷立场不改。

这位皇帝还写过一首不提倡改革开放的“御诗”，我们转录自时平先生《郑和航海在东西方交往中的地位》一文中，此诗原收录于《乾隆御制诗第5集·卷26·丁未2·〈上元灯词〉》中：

年间外域有人来，宁可求全关不开。

人事天时诚极盛，盈虚熟念俱增哉。

如果说清王朝的闭关锁国政策仅仅停留在文学层面上，并不可怕，只是清王朝的闭关政策最后发展到了极点上，以“禁海”为例，清王朝公然宣布“寸板不许下海，界外不许闲行，出界以违旨立杀”。但是，心怀不轨的西方列强，并不搭理你的什么这不许那不许政策，他们琢磨的是如何砸开中国的锁，破开中国的关，权衡的是实力的较量。就是马戛尼一行的英国使臣，很有针对性地考察了中国的方方面面，得出的结论是两个字：落后。中国人津津乐道的什么千年道德、孔孟文教，英国人的看法是：

尽管中国夸口以德治国，实际上，道德水平并不比其他国家好多少，孔子的信徒们如西方的拜金主义者一样，道德品行不堪一击。

对于沉迷于“天朝上国”的中国式的自大之中的百年王朝，英国人认为“遍地都是惊人的贫困”，“不过是一个泥足人，只要轻轻一抵，就可以把他打倒在地。”英国人认为，如果以军事力量打击，则轻而易举：

英国两艘战舰就能胜过整个清帝国的海军力量，半个夏天，我们就能彻底摧毁中国沿海的所有船只……

读以上载于《特别关注》的引文可知，到访中国后，英国人对“东方巨龙”的神秘感是彻底消失了，对“天朝大国”的强盛崇拜也烟消云散。不善之道，是要遭报应的，爷爷不报，孙子报。47年后，乾隆的孙子道光皇帝便带着他的王朝遭受了马戛尼预言中的外辱，不管清王朝如何闭关门户，“八国联军”进北京，中国近代史上的噩梦开始，闭关锁国的祸端彰显。

第二，当代中国的郑和研究，规模之大，影响之广，本身就形成了学术文化的一方胜景，尤其可喜的是，其研究方向有向海洋文化这一专题延伸的趋势。不可避免要涉及的关于海洋文化的论题内容甚多，如：“传承航海文明，弘扬民族精神”“维护海权，加强海防”“增强海洋意识，繁荣海洋事业，建设海洋强国……”这些问题，无疑都具有重大的现实价值。在探讨这些问题时，我国的海洋研究才俊们，心系强国的使命，贡献才智，对国人进行了一次中国历史上最具广度、深度及影响力的海洋教育，达到启蒙国民海洋文化意识的效果。

地处西南的我等，青少年及至壮年时代，海洋知识也是极甚贫乏的，譬如，下面一段常识，我等即几十年未闻：

根据《联合国海洋法公约》的规定和我国的

主张，我国除拥有约大陆海岸线和1.4万公里的岛屿海岸线，6500多个500平方米以上的大小岛屿，还拥有面积约300万平方公里的管辖海域，海洋资源非常丰富。据统计，我国的海域海洋生物物种已鉴定的达20278种，石油资源量约XXX亿吨，天然气资源量约XX亿立方米。（金永兴《弘扬郑和精神，建设海洋强国——论中国航海日的重要意义》）

上海海事大学副校长金永兴教授的文章称：根据对某高校的调查，90%的学生，不知道我国有300万平方公里的海洋国土——即“蓝色国土”。想来，地处西南、西北的中国大学生，因为地缘地理决定的生长环境，对海洋海事的认知，不会比上述那批“90%”的学生好到哪里去。金教授还指出：

在当今相当多数的国人的头脑中，提起国土，仅知道960万平方公里的“黄色国土”；说到海防，仅知道12海里领海主权。

金教授著文的时间是2006年，但愿往后的岁月中，国人的海权见识大有改观。

另有海洋专家苗振清院长、唐洪森教授著文给我们上了一节颇有价值的课：

……按照《联合国海洋法公约》有关规定，岛屿可视同大陆一样，拥有属于自己的领海、毗连区、专属经济区和大陆架。即是说，对于海中的任何一座岛屿而言，仅以12海里领海计算，即能划出1500多平方公里的海域面积，相当于新加坡国本土面积的3倍，如以200海里的专属经济计算，还能划出43万平方公里的管辖海域面积，相当于4个浙江省的陆地面积……

这些知识，无疑是国人稍许缺乏的。这源出于我们的海洋观教育的一度缺失。苗振清、唐洪森二位教授还指出：

岛国日本的基础教育尤重海洋国土观，国民从小便牢记日本本土为37万平方公里，加上海洋面积是470万平方公里。因此，自19世纪中叶明治维新起，同样由原来的闭关锁国。落后挨打的境地，凭借海洋战略造就了当今世界富国。

中国国民海洋意识，在我们国家公开举行纪念郑和的活动中，得到启蒙教育的成果，“面海而兴，背海而衰”的道理，逐步为人熟知。在郑和对当代海洋文化的影响下形成的又一大成果，是中国确立了国家的航海日。这是具有划时代意义的事件。航海日的确定，自有规范：

> 世界各海洋国家都有以航海或海洋节为主题的节日（有的叫海军节或海洋节），这是各国海洋意识的标尺，也是海洋地位的象征。节日的确定又都是以本国航海或海洋有关的历史事件和人物为背景，这些历史事件或人物具有代表性和标志性。（金永兴《弘扬郑和精神，建设海洋强国——论中国航海日的重要意义》）

可以说，郑和为我们设立航海日打下了基础，创设了历史事件和人物的条件。中国大陆航海日自1985年全国举行“纪念郑和下西洋580周年”活动开始肇启申请，2005年7月11日是中国首个航海日。中国台湾于1956年7月11日首设航海节。自此，海峡两岸的中国人同庆航海节，实属一代盛事。

中国航海日的确定，是中国新时代海洋文化的亮点，它对中国实施海洋教育的影响将会在今后彰显出来。

第三，世界上一切伟大的建树，都与文化有关，文化具有强大的软实力，穿越时光，跨越疆域国界，永世长存。我们有底气说出，郑和下西洋，已经在中国和世界形成文化大景观，肇自600年前的历史事件，既形成了独特的海洋文化奇葩，又是广泛意义上的文化遗产。作为优秀的文化遗产，一定具有正能量，会产生鼓舞国民，具有引导国民前进的精神灯火般的效果。

在中国走出“文革”之后，郑和下西洋的文化价值具有推动当代中国坚持改革开放的鼓舞作用，这已无须多言，郑和使团造访亚非30余国，宣示中国人民睦邻友好的精神，珍视友谊，热爱和平，也是中国当今与世界各国交往的一大原则精神。

作为郑和文化的影响，总是在历史的关键时刻有所显现，并能产生激发效应，成为一种推动力量。前面的章节就说到梁启超处在中国最羸弱的清王朝末日时，写下了《祖国大航海家郑和传》一文，就是以郑和下西洋的历史壮举，激励中国人的爱国热情，从而达到振奋国民士气的目的。

据郑一钧先生《论郑和下西洋》：鲁迅先生在评价明代罗懋登《三宝太监西洋记通俗演义》时就曾指出，因为郑和“名声赫然”且处永乐盛世，而嘉靖时代，倭寇十分猖獗，威胁着明廷的安危（譬如有一次竟敢攻扰大明的重要城市）。因此，鲁迅先生在《中国小说史略》中，便评说这部小说创作是具有动因的，即借古之强盛，喻今之衰弱——鲁迅的原话是：“民间伤今之弱，于是便感昔之盛，作了这一部书。”

郑一钧先生还论及：1909年，正是中国革命党活动最盛的时候，著名的革命派同盟会的机关刊物《明报》上发表《南洋华侨史略》的文章，借郑和英名说事、明志，同样有“感昔之盛”“伤今之弱”的认知，发出“天不祚汉”“祖国沉陆”的感叹，以达到鞭策海外华侨民众，鼓吹革命的效果。

郑和航海的“伺风开洋”地长乐县，县长王伯秋也是一位抗日救亡情怀浓烈的人士。1937年，处于日本军国主义染指中华的年头，长乐县发现郑和刊立的《天妃灵应之记》碑，王县长即撰文说：“今日强邻逼处，海疆岌岌可危。和可以自长乐发轫，以绥异族，以振国威，吾人岂皆不能为和之所为乎？”（此段引文也转引自郑一钧先生大著）

在改革开放的当今，2005年，《人民日报》连续发表《弘扬郑和精神，推动和平发展》《扬民族征帆，走开放之路》《承历史传统，促和平发展》《倡创新之风，兴科技伟业》《怀爱国之情，壮强国之志》五篇评论员文章，国家主流媒体全面阐述了“郑和下西洋的启示和精神财富”（这句话为以上五篇文章共有的副题）。五篇文章立意高远， 论述宏博，文章中指出，郑和下西洋能够成功的“核心动力”是“胸怀爱国之心，心存强国之志”“借绵绵海岸传递中华文明，汇滔滔海浪熔铸平安海疆”。《人民日报》评论员强调：“通过弘扬郑和精神，广泛开展热爱祖国，睦邻友好，科学航海的教育，增强全民族的航海意识、海洋意识，树立蓝色国土观念，走可持续发展之路。”

通过以上，我们看到，郑和精神，将会伴随着中华民族，走向新世纪的强国之路。郑和下西洋的文化成分，将被发掘、阐注、释义，并赋予合理而有新意的解读，熔铸、打造成一种独特的文化形态。

笔者曾经收到著名学者朱鑑秋先生赠予的一册《百年郑和研究资料索引》，全书359页，以此为据，粗略统计了一下，自1904～2003年间，中外出版的关于郑和研究、郑和传记，或记载郑和事略的图书，将近350种，中外发表的关于郑和研究的论文不少于3000多篇。这些论著中，西文论著近80种，俄文论著10余种，日本论著近30种，印尼文、马来文论著20余种。这里所列论著显然不是全世界关于郑和的论著的全部，但数量之多，研究之深，涉及面之广，已成洋洋大观。郑和是世界上古今名人中，被论及最多的一位。这些论著，其本身就是一种文化载体，传承着一代又一代研究者的成果，显示了多种学科专家们的智慧。

前面我们提到，当代郑和研究，自然科学和社会科学交融，有近20个学科协作开展，已经初步形成一门新的边缘学科——郑和学。这无疑是郑和文化的一大精要。而郑和在中国北京、上海、江苏、福建、云南、浙江、山东、陕西等多个省市留下的历史遗迹，各具特色。如云南昆明，被称为郑和的祖居之地。江苏南京，被称为郑和下西洋的策源地。江苏太仓，被称为郑和下西洋的起锚地。福建长乐，被称为郑和下西洋的伺风开洋地……这样的地方，多不胜举。于此，我们向未具名的地方表示歉意。由于各地政府的重视和经营，前面列举的许多地方建有纪念馆、文博馆，另有一些寺宇、妈祖庙、碑刻、墓葬……与郑和下西洋有关联，形成了文物群落，真是满目芳华，配以郑和下西相关留城市雄秀兼有的山水、湖泊、港湾的风光，中国已形成一个郑和下西洋文化大景观全国性格局，大可一堵。如果我们再论及东南亚以及非洲，约十几个国家那些数不清的郑和遗迹以及相关景观，说是亚非各地形成一个国际性的郑和文化带也决不过分，在这个文化带，时代悠远，景观壮美，史事神秘，真是美不胜收，令人神往。

作者于此，再次向全国各位学者表示感谢，我们要特别提到郑一钧、范金民、朱鑑秋、时平、杨新华、郑明、武斌、李士厚、郑忠南、赵志华、马理、苗振涛、唐洪森、金永兴、加文·孟席斯、何芳川、唐志拔、张国英、杨红林、高学敏、刘达材、刘迎胜、郑匡、鹿世明、石仁和、朱巍、陈蓓蓓、朱培初诸先生（排名不分先后）因为这本小书多处采用、参考了您的学术成果，如有书刊、文章、姓名标注遗漏或不当之处，谨请海涵。

# 参考书目

1. 吴松、卢云昆：《饮冰室文集点校》第4集，云南教育出版社2001年8月第1版。

2. 李士厚：《影印原本郑和家谱校注》，晨光出版社2005年6月第1版。

3. 朱鉴秋主编：《百年郑和研究资料索引·1904～2003》，上海书店出版社2005年5月第1版。

4. 江苏省郑和研究会编：《睦邻友好的使者——郑和》，海潮出版社2003年11月第1版。

5. 石仁和校点，罗懋登：《三宝太监下西洋记》三秦出版社1996年第1版。

6. 南京郑和研究会编：《走向海洋的中国人》海潮出版社1996年4月第1版。

7. 宁夏社会科学院：《回族研究·纪念郑和航海专号》2003年第1期。

8. 李士厚：《郑和新传》，晨光出版社2005年7月第1版。

9. 郑一钧：《论郑和下西洋》，海洋出版社1985年第1版。

10. 朱鉴秋：《郑和航海图综述》，中国社会科学出版社2005年5月第1版。

11. 杨新华：《文莱·热带王国皇冠上的明珠》，南京出版社 2005 年 5 月第 1 版。

12. 时平：《郑和时代的海权》，晨光出版社 2005 年 9 月第 1 版。

13. 武斌：《中华文化海外传播史》，陕西人民出版社 1998 年 9 月第 1 版。

14. 上海郑和研究中心主办：《郑和研究动态》，2006 年第一期。

15. 北京郑和与海洋文化研究会：《郑和与海洋文化研究·特刊 NO5》。

16. 《特别关注》，珍藏本第 51 期总 107 期。

17. 上海海事大学、中国航海日办公室：《中国航海日文化论坛文集·机遇使命与海洋观的塑造》，2006 年特刊。